MÉMOIRE

DES

ENTREPRENEURS DE CLAIRVAUX

REMIS AU CONSEIL DE PRÉFECTURE DE L'AUBE,

en réponse aux griefs articulés dans la demande en
résiliation de marché du 14 décembre 1847.

Janvier 1848.

MESSIEURS,

Avant de commencer l'énumération des griefs auxquels nous avons
à répondre, permettez-nous de citer le passage suivant du rapport
du 2 mai 1846, adressé par M. le sous-secrétaire d'Etat, Passy, à
M. le Ministre de l'intérieur, sur la régie de Melun, rapport dont les
principes n'ont point cessé de nous être applicables, et que nous
aurons plus d'une fois à invoquer.

Nous lisons à la page 13:

« Lorsque, dans toutes les maisons centrales et suivant vos cons-
« tantes recommandations, les directeurs et les employés sous leurs
« ordres auront bien compris que c'est pour eux un devoir de jus-
« tice et de loyauté de protéger les intérêts des entrepreneurs comme
« les intérêts directs de l'administration, d'agir, en un mot, de la
« même manière que si le service se faisait en régie, le Trésor ne tar-
« dera pas à ressentir les effets d'un appui constamment bienveil-

1

« lant, constamment protecteur ; car on peut dire qu'il dépend d'un
« directeur d'accroître considérablement, quoique sans utilité, les
« dépenses de l'Entreprise. Aussi, toutes les fois qu'il m'a été repré-
« senté par des entrepreneurs que l'administration centrale pour-
« voyait, dans la maison de Melun, à certaines dépenses indétermi-
« nées avec beaucoup plus d'économie qu'on ne le faisait dans la
« plupart des autres maisons, n'ai-je pas hésité à leur répondre
« qu'ils étaient libres de demander que, à cet égard, les règles de la
« régie de Melun fussent appliquées. »

Passons maintenant à l'examen des récriminations dont notre
service est l'objet en ce moment, et nous démontrerons facilement
qu'elles ont toutes été dictées par la malveillance des administrateurs de Clairvaux.

<h3 style="text-align:center">1er GRIEF.</h3>

« Attendu qu'à l'égard des articles 3 et 4 du cahier des char-
« ges et de l'instruction y annexée, des plaintes se sont élevées,
« pendant dix-huit mois environ, sur la fabrication et la four-
« niture du pain de ration ; que, suivant l'information verbale
« de MM. les inspecteurs généraux, cette mauvaise fourniture pa-
« raît fixée de juin 1845 à janvier 1847 ; que, pendant ce laps de
« temps, le pain aurait été fréquemment d'une qualité inférieure
« aux conditions prescrites par le cahier des charges ; qu'il au-
« rait été surtout, et plus fréquemment encore, mal cuit et négli-
« gemment confectionné ; que notification de faire cesser le mé-
« lange d'une farine mauvaise aux bonnes farines fut encore
« faite à l'entreprise par le directeur de la maison de Clairvaux,
« par lettre insérée au registre de correspondance, le 5 janvier
« 1847, et répondue le 16 du même mois. »

RÉPONSE.

Il est faux que des plaintes se soient élevées pendant dix-huit mois environ sur la fabrication et la fourniture du pain de ration ; cela est même impossible, puisqu'il n'y a pas eu *un seul refus* de pain, à aucune époque ; qu'au contraire, l'administration de la maison a, chaque jour, constaté par écrit, sur le registre de réception, que le pain était de bonne qualité, ainsi que le Conseil pourra s'en convaincre en se faisant représenter ledit registre par le directeur de la maison, qui s'en est emparé. Il est d'ailleurs incroyable qu'on se soit plaint du pain pendant dix-huit mois sans que l'administration ait pris aucune mesure.

Quant aux informations verbales de MM. les inspecteurs généraux qui fixeraient cette mauvaise fourniture de juin 1845 à janvier 1847, ces informations ont été prises par suite des dénonciations du directeur actuel contre les entrepreneurs, après la rupture survenue entre eux, auprès des subordonnés du directeur qui, sous peine de révocation, de disgrâce ou de punition, étaient obligés de répéter ce qu'il disait.

Ces informations verbales, faites hors de notre présence, sans que nous ayons été appelés à les contredire, prises auprès de personnes inaptes à juger, ne sauraient, en aucune façon, nous être opposées ; car le cahier des charges prescrit pour toutes les contraventions des constatations par procès-verbaux contradictoires et non des informations verbales.

Ces allégations d'ailleurs, inventées pour les besoins de la cause, sont empreintes d'une si grande passion, que le directeur actuel n'a pas craint de s'incriminer lui-même en les provoquant ; car, s'il était vrai que de mauvais pain eût été fourni jusqu'en janvier 1847, M. Marquet-Vasselot, qui était directeur de Clairvaux depuis la fin d'août 1846, serait coupable d'avoir reçu pendant quatre mois ce mauvais pain, sans avoir adressé à l'Entreprise même une simple observation.

Quant à cette assertion :

« Que notification de faire cesser le mélange d'une farine mauvaise
« aux bonnes farines fut *encore* faite à l'entreprise par le directeur
« de la maison de Clairvaux, par lettre insérée au registre de corres-
« pondance, le 5 janvier 1847, et répondue le 16 du même mois. »

Le mot *encore* semble indiquer que l'on nous aurait déjà fait
d'autres notifications de même nature ; que nous étions coutumiers
du fait. C'est là une insinuation mensongère, comme toutes les
autres insinuations provenant de la même source. C'est la seule fois
que M. le directeur se soit plaint de farines, et encore par supposi-
tion ; car il dit dans la lettre du 7 et non du 5 janvier :

« Le pain de ration, depuis trois ou quatre jours, *n'est plus* d'une
« qualité satisfaisante. *Si je suis bien instruit, ce changement* fâcheux
« proviendrait du mélange d'une farine mauvaise *aux bonnes farines*
« *employées depuis trois mois.* »

Que demeure-t-il donc constaté par cette lettre ?
Deux faits :
L'un, que le pain de ration n'était point satisfaisant, au gré du directeur depuis trois ou quatre jours ; l'autre, que nous fournissions
de bonnes farines depuis trois mois.

Notre réponse du 16 janvier, *demeurée sans réplique,* prouve que
la prétendue mauvaise farine était la meilleure, elle est ainsi
conçue :

« Sur le second point, le changement qui s'était opéré dans la
« qualité du pain de ration, nous n'avons rien à répondre aujour-
« d'hui, puisque, d'un côté, le pain est redevenu ce qu'il était, et que,
« d'un autre côté, les expériences faites sur les farines que l'admi-
« nistration avait cru mauvaises ont démontré qu'elles étaient d'une
« qualité supérieure à celles qu'elle admettait comme bonnes. »

Nous devons dire toutefois que le pain fait avec les farines de la
récolte de 1845 a été de moins bonne qualité que celui provenant

des récoltes de 1844 et 1846, parce que les blés de la récolte de 1845 ont été, en Champagne principalement, d'une qualité fort médiocre, ayant mûri et ayant été récoltés par un temps constamment pluvieux. On en jugera par les différences de poids ci-après, constatées par les Mercuriales de Bar-sur-Aube, ainsi que cela résulte du certificat de M. le Maire de cette ville, classé an dossier n° 1.

En 1845, le poids moyen de l'hectolitre de froment a été de . . . . 72 k. 835

En 1846, il a été de. 79   111
____

Différence par hectolitre. . . . . 6 k. 276

Plus le blé est léger, plus il contient de son, relativement. Ce fait est de l'appréciation de tout le monde, et nous ne pensons pas qu'il ait besoin de démonstration.

Les blés de bonne qualité, lourds, contiennent 76 à 77 p. o/o de de farine propre à faire de bon pain et 23 à 24 p. o/o de son.

Les blés de qualité médiocre, légers, comme ceux de la récolte de 1845, dont le grain, au lieu d'être rond et plein, est long et sec, contiennent 70 à 72 p. o/o seulement de bonne farine et 28 à 30 o/o de son.

Or, le cahier des charges porte, article 3 :

« Le pain sera composé de 2/3 de farine de froment blutée à 12 p. o/o.—Plus 1/3 de farine de seigle blutée à 21 p. o/o. »

En blutant à 12 p. o/o il reste donc, les bonnes années, 11 à 12 p. o/o de son dans les farines employées à la panification, il en reste 16 à 18 p. o/o dans les mauvaises années.

On comprendra que cela constitue une différence notable. Cela est si vrai que le prédécesseur du directeur actuel ayant remarqué cette différence fit faire lui-même plusieurs essais avec les blés de la récolte 1845 et qu'il n'obtint pas mieux que le pain fourni par l'Entreprise.

Nous ne constatons pas le poids des seigles, parce que les mercuriales ne le constatent point; mais une différence proportionnelle existe pour cette sorte de grain comme pour le froment entre les

bonnes et mauvaises années, et le seigle entre pour 1/3 dans la panification.

Si donc les détenus n'ont point mangé de meilleur pain, c'est que
l'année ne l'a pas voulu.

L'Entreprise peut-elle en être responsable ?

On a sans doute pressenti notre réponse, lorsque, pour nous incriminer, on prétend que le pain *aurait été, surtout et plus fréquemment encore, mal cuit et négligemment confectionné.* On oublie que
chaque jour l'administration de la maison a constaté par écrit sur
le registre de réception avoir reçu du pain de bonne qualité.

Et puis, si le pain péchait par la manutention, rien n'était plus
facile à l'administration que d'y remédier, soit en exigeant des bou-
langers détenus une meilleure manutention, soit en refusant le pain
mal manutentionné.

Fort heureusement, la régie de Melun, dont il nous est permis d'invoquer les règles, nous fournit une preuve de la fausseté de cette
allégation, que le pain aurait *été mal cuit.* S'il avait été mal cuit il
aurait été très-lourd et le rendement considérable.

Nous lisons dans le compte rendu précité, au tableau, page 19 :

« Que le rendement a été, à Melun, de 138 k. 55 de pain pour 100
« kil. de farine. »

Il résulte du tableau ci-joint (dossier n° 1), dont nous pouvons
faire la preuve par nos livres régulièrement tenus, que du 15 août
1844 au 30 juin 1846, nous avons manutentionné,

601,626 k. farine froment blutée 12 p. o/o.

279,472   *id.*   seigle   *id.*   21 p. o/o.

Dont le total...   881,098 a produit 1,182,588 k. de pain.
Soit 134 k. 21 d. de pain pour 100 k. de farine.

Que l'on demande à l'administration supérieure et aux boulan-
gers experts en pain bis, si, dans ces conditions de rendement, notre
pain pouvait être mal cuit.

L'Entreprise, au surplus, était complétement désintéressée dans le rejet du pain et des farines, pour cause de mauvaise qualité ; elle avait traité à forfait pour les farines avec M. Berthélemy, de Bar-sur-Aube, à qui elle avait imposé l'obligation de les fournir conformes aux prescriptions du cahier des charges, et de remplacer immédiatement, à ses frais, toutes celles que l'administration rejetterait (ainsi que cela résulte du marché classé au dossier n° 1). Jusqu'en octobre 1846, époque de l'expiration de la fourniture de M. Berthélemy, l'Entreprise n'a point acheté ailleurs, n'a point employé d'autres farines que celles de ce fournisseur; l'administration de la maison le savait, c'était un fait patent, connu de tous à Clairvaux ; les tolérances de l'administration ne pouvaient donc profiter à l'Entreprise qui, seule, aurait été lésée par l'acceptation de farines de mauvaise qualité, puisqu'elle les avait achetées et payées comme bonnes, et l'administration serait seule coupable de les avoir reçues, s'il en avait été réellement reçu de mauvaises.

2ᵉ GRIEF. — § 1ᵉʳ.

« Attendu que les infractions à l'article 5 paraissent avoir été « incessantes, et ce, plus particulièrement dans le cours de l'an- « née 1847 ;

« Que le beurre, devant entrer dans la composition du service « alimentaire, pendant quatre jours de la semaine au moins, « n'a point été fourni du 15 août 1844 au 12 mai 1847, malgré « les demandes réitérées de l'administration ; que, sur dernière « notification, à ce dernier jour, d'en fournir régulièrement les « quantités prescrites, l'Entreprise promit, le 14 mai, d'en pré- « senter des échantillons, que, réclamés de nouveau le 15 juin, « ces échantillons ne furent livrés que le 18, soumis sans délai à « l'examen des officiers de santé de la maison, reconnus impro- « pres au service, à raison de leur âcreté et de leur rancidité;

« que cette fourniture , enfin , n'eut lieu en qualité convenable
« que le 30 du même mois ;

« Que cette infraction paraît résulter des énonciations du
« registre contradictoire de l'Entreprise. »

RÉPONSE.

La première assertion, qu'il n'a point été fourni de beurre depuis
le 15 août 1844 jusqu'au 12 mai 1847, est une première erreur.

En ajoutant : *malgré les demandes réitérées de l'administration* ,
on a ajouté une seconde erreur.

Nous avons fourni, depuis le 15 août 1844 jusqu'au 1er novembre 1845, 3,615 kilog. de beurre, ainsi que cela résulte des fac-
tures constatant l'achat et des lettres de voiture constatant l'arrivée
à Clairvaux, classées au dossier n° 2, et du livre de cuisine dont
nous demandons la production devant le Conseil.

L'article 5 du cahier des charges porte :

« En cas d'insuffisance ou de manque total dans le pays des
« objets désignés comme assaisonnement, le directeur pourra, sur la
« demande des entrepreneurs, et après avoir pris l'avis des médecins
« de la maison, autoriser la mise à la marmite d'autres assaisonne-
« ments en substitution de ceux qui ne pourront être fournis. »

Le beurre est un assaisonnement.

MM. les directeurs se sont attribué dans toutes les maisons le droit
d'y substituer la graisse, le lard, l'huile d'olive.

La maison de Montpellier emploie de l'huile et du lard , en remplacement de beurre et de graisse.

La maison de Nîmes emploie de l'huile en remplacement de beurre ;
d'autres maisons n'emploient que de la graisse ; d'autres n'emploient
que du beurre.

Du 1er novembre 1845 au 12 mai 1847, les directeurs de
Clairvaux ont autorisé l'emploi de la graisse en remplacement
du beurre et l'ont même préférée. Le prédécesseur de M. Marquet-
Vasselot proposa , en 1845, à l'un des entrepreneurs de substi-

tuer la graisse au beurre ; des témoins pourraient l'attester. Le directeur actuel lui-même n'a formé aucune réclamation à ce sujet depuis la fin d'août 1846, époque de son arrivée à Clairvaux, jusqu'au 12 mai 1847, c'est-à-dire pendant huit mois et demi, parce qu'il préférait la graisse. La preuve de ce fait résulte des bulletins de distribution fournis par l'administration où il n'est demandé que de la graisse.

Mais, pour tendre un nouveau piége à l'Entreprise, la localité ne produisant pas assez de beurre pour le service, le directeur actuel nous en demanda, pour la première fois, le 12 mai. Nous nous empressâmes de faire venir des échantillons qu'il nous fallut longtemps attendre, et nous ne pûmes enfin recevoir notre approvisionnement que fin juin, parce qu'il y a plus de deux cents lieues de Clairvaux à Morlaix.

Depuis, nous n'en avons jamais manqué.

Si donc c'est une faute d'avoir substitué la graisse au beurre, c'est l'administration de la maison qui l'a commise et non l'Entreprise.

Le directeur n'avait-il pas le droit d'exiger du beurre ?

Nous sommes-nous jamais refusés à en fournir ?

Nous n'avons pas besoin de dire que le refus, non des deux échantillons mais seulement de l'un des deux, au sujet duquel on paraît encore vouloir nous incriminer, n'est qu'une préoccupation accusatrice, ou même qu'une étourderie d'argumentation, dont on peut juger par l'extrait suivant de la correspondance à ce sujet :

« Le premier échantillon a été refusé, le deuxième accepté le 27
« juin ; le beurre a été fourni, pour le service alimentaire, le
« 30 juin.

« Signé *le directeur*, MARQUET DE VASSELOT. »

2ᵉ GRIEF.—§ 2.

« Attendu que, contrairement au §. 2 dudit article 5, et sans
« autorisation (obligation prévue par le § 4 du même art.), à
« ce mode d'assaisonnement a été substitué l'usage d'une graisse
« souvent impropre au service alimentaire et dont le rejet aux
« dates des 16 février, 22 mai et 27 août 1847, était motivé sur
« son âoreté, son défaut d'épuration, constatés non-seulement
« par les officiers de santé de la maison, mais encore par l'ana-
« lyse chimique de MM. Bardin et Desguerrois auxquels elle
« fut soumise ;

« Que cette infraction paraît résulter, non-seulement du re-
« gistre susénoncé, mais encore des procès-verbaux, des rap-
« ports des médecins et experts à ce commis en date du 10 juin
« 1847. »

RÉPONSE.

On convient ici que l'autorisation de substituer de la graisse au
beurre eût été valable, mais on la nie.

M. le directeur de Clairvaux, cependant, savait bien que la cuisine
des détenus se faisait à la graisse et non au beurre. Tous les jours
son sous-directeur en prescrivait la quantité à mettre dans la marmite ; tous les jours son sous-directeur assistait à la livraison, et à
moins que les mots graisse et beurre ne soient synonymes, il est dif-
ficile d'expliquer que, pendant huit mois et demi, M. Marquet-Vasselot ait ignoré que les bulletins des vivres délivrés et signés par
son sous-directeur ne portaient que de la graisse et point de beurre.

Maintenant, le directeur affirme que nous avons fourni cette
graisse sans autorisation.

Il affirme un fait faux.

M. Marquet-Vasselot a bien senti que ce serait une faible argumentation que de nous dénier seulement cette autorisation ; aussi, incrimine-t-il la qualité même de la fourniture en citant trois rejets aux dates des 16 février, 22 mai, 27 août 1847.

La graisse a été refusée et immédiatement remplacée le 16 février ; c'est la première fois en trois ans ; cela est prévu par l'article 9 du cahier des charges. La seule pénalité pour le rejet est le remplacement ; il a eu lieu sans difficulté et sans contestation. Il n'y a pas de maison centrale en France où cela n'arrive forcément quelquefois ; il n'y a pas même de ménage où l'on n'achète *par erreur quelquefois* des aliments inférieurs ou de mauvaise qualité.

Quant au rejet du 22 mai, en offrant cette graisse pour le service nous fîmes observer qu'elle provenait de notre fournisseur responsable, que, pour peu qu'elle parût douteuse, on n'avait qu'à la rejeter. (Cela résulte clairement de la correspondance classée au dossier n° 2).

Elle fut rejetée, et immédiatement remplacée par d'autre admise sans contestation.

Tout donc devait être fini là, puisqu'il n'y avait pas contestation de notre part.

Néanmoins, M. le directeur envoya un échantillon de cette graisse à M. le préfet, qui la fit analyser par MM. Bardin et Duguerrois. Ces messieurs décidèrent que cette graisse était malfaisante. Nous ne sommes pas chimistes ; nous ne fîmes point analyser cette graisse par d'autres chimistes, parce que cette analyse était pour nous sans objet. Nous la renvoyâmes à M. Dormoy, notre fournisseur à Bar-sur-Aube, auquel nous avions imposé, comme à tous nos fournisseurs, l'obligation de reprendre tout ce que l'administration rejetterait. (Cela résulte de notre marché classé au dossier, n° 2.)

M. Dormoy, au surplus, ainsi qu'on peut s'en convaincre en lisant son certificat classé au même dossier, avait vendu et livré de semblable graisse à l'administration, pour l'usage de la colonie agricole ; les jeunes détenus l'ont mangée, et ne s'en sont pas moins bien portés.

Qu'a-t-on donc à nous reprocher pour cette graisse que nous n'a-
vons pas même livrée ?

Est-ce nous qui l'avons fabriquée ?

Elle nous coûtait 1 fr. 50 c. le kilogramme, et nous l'avons remplacée par de fort bonne, qui ne nous coûtait que 1 fr. 30 c.

Nous avions donc intérêt à la voir refuser, loin d'avoir intérêt à la
faire admettre.

Quant au rejet du 27 août, nous l'ignorons complétement ; nous
n'en avons aucune connaissance, et aucune pièce en notre pouvoir
n'indique ce refus.

3ᵉ GRIEF.

« Attendu que, contrairement au § 4 du même article, les lé-
« gumes, loin d'être de la dernière récolte ou tout au moins de
« l'année précédente, paraissent, d'après le registre de corres-
« pondance avec l'entreprise, aux dates des 25 mai et 22 août
« 1847, et d'après le registre de correspondance générale, aux
« dates des 11 juillet, 14 et 16 août de la même année, avoir été
« fournis tels que la plupart des détenus n'auraient pu manger
« leur ration ; qu'à l'égard des haricots, notamment, ils auraient
« été reconnus impropres au régime alimentaire par l'impossibi-
« lité d'obtenir une cuisson suffisante; que des experts auraient
« décidé qu'ils étaient antérieurs à 1845 ; qu'ils auraient été
« achetés d'une personne autre que le fournisseur de l'échantil-
« lon accepté, travaillés de manière à paraître semblables audit
« échantillon, puis introduits subrepticement dans les magasins
« de l'Entreprise et par infraction audit art. 5. »

RÉPONSE.

On dit que les légumes *auraient été fournis tels que la plupart des détenus n'auraient pu manger leur ration.*

Une seule fois, le 25 mai 1847, M. le directeur nous informa qu'*un grand nombre* de détenus n'avaient point mangé la pitance du soir ; mais on ne dit pas qu'un grand nombre de leurs camarades demandèrent aussitôt à la manger, bien qu'ils eussent déjà mangé la leur, ce qu'on leur refusa.

Habituellement, lorsque les détenus ne mangent pas leur ration, on la donne à ceux qui la demandent, et il ne manque jamais de solliciteurs.

Il n'y a pas de maison où cela n'arrive quelquefois, lorsque les détenus surtout y sont excités, comme nous affirmons qu'ils le furent le 24 mai.

A Melun, maison en régie et avec les *frères*, cela a été si loin, que presque toute la population a refusé de manger la soupe ou les légumes dans plus d'une circonstance ; que les détenus en sont venus jusqu'à jeter le contenu de leurs gamelles à la tête des employés de l'administration ; car, à Melun, il n'y a point d'entrepreneurs.

A Clairvaux, une seule fois en trois ans et demi, quelques détenus refusent de manger leurs légumes, et cela au moment où une lutte existe entre l'administration et l'Entreprise, au moment où l'administration cherche à incriminer l'Entreprise par tous les moyens.

On dit encore que *les haricots, notamment, auraient été reconnus impropres au régime alimentaire par l'impossibilité d'obtenir une cuisson suffisante.*

Il n'y a eu, en trois ans et demi, que deux rejets de haricots, les 24 mai et 11 juillet 1847, toujours depuis la lutte engagée, et jamais pour défaut de cuisson.

Ceux qui furent rejetés le 24 mai avaient été achetés, avec autorisation du directeur, le 25 avril, ainsi que cela résulte de nos lettres·

des 5 et 10 juin jointes au dossier, n° 3, et trouvés bons pendant un mois; on les a trouvés mauvais ensuite pour les besoins de la cause et rejetés. Ils ont été immédiatement remplacés par d'autres légumes acceptés sans contestation. Revendus au dehors, ils furent trouvés fort bons par ceux qui les achetèrent.

Y a-t-il là matière à incrimination contre l'Entreprise?

Le second refus a eu lieu en juillet.

Un échantillon de ces haricots fut remis à M. le directeur, le 25 mai. Il fut agréé le 7 juin.

Une lettre de **M.** le directeur, du 16 juin, constate que la partie *entrée dans nos magasins* était conforme à l'échantillon.

Acceptés pendant un mois, pour le service, sans contestation, ces haricots furent refusés le 11 juillet.

Nous en appelâmes à **M.** le préfet, et nous demandâmes une expertise ; elle eut lieu le 11 août dernier.

Le procès-verbal porte textuellement :

« Après avoir reçu de **M.** le sous-directeur ledit échantillon *qu'il « nous déclare avoir été épluché,* nous nous sommes transportés à « la cuisine où se trouvaient les haricots refusés, et dans les maga- « sins où des haricots en sacs et en tas nous ont été montrés et dé- « clarés de même provenance que ceux de la cuisine.

« Après cet examen, nous certifions :

« 1° Que ceux de la cuisine n'ont pas été suffisamment épluchés, « et *que, par ce fait,* ils ne sont pas conformes à l'échantillon ;

« 2° Que ceux des magasins s'éloignent davantage de l'échantillon.

« Pour apprécier la différence entre ledit échantillon et les hari- « cots en magasin, nous prîmes un litre de ces derniers et les éplu- « châmes nous-mêmes : le résultat a présenté un *échantillon sem- « blable à celui de l'administration ;* mais le déchet a été d'un cin- « quième.

« Cette opération a été faite en présence de MM. Petit, entrepre-

« neur ; Victor Loudin, marchand grainetier, à Bar-sur-Aube, d'une
« part ; et de l'autre, M. Aller, sous-directeur de la maison de Clair-
« vaux. »

Signé J. DAMBONVILLE et DE CHALLEMAISON.

Il résulte bien clairement de cette pièce authentique, classée au dossier n° 3, que l'administration de la maison de Clairvaux a employé tous les moyens pour refuser ces haricots ; qu'elle a dénaturé *l'échantillon* par un triage, après acceptation.

Le procès-verbal dit sans doute qu'il a fallu éplucher à un cinquième pour retrouver l'échantillon ; mais il ne dit pas qu'il fût nécessaire d'éplucher à ce point pour rendre les haricots propres au service ; et, l'eût-il fallu, l'administration de la maison pouvait, sans aucune difficulté, l'exiger : les éplucheurs ne manquent pas , Dieu merci, et nous n'avons jamais contesté à l'administration le droit de faire éplucher nos légumes autant qu'il lui plaît.

Nous produisons enfin un certificat de M. le maire de la ville de Bar-sur-Aube et une lettre du vendeur, M. Loudin, constatant que ces haricots sont de la récolte de 1845, et de bonne qualité. Ces faits pourraient se vérifier ; car ces légumes sont encore en magasin chez M. Loudin, à Bar-sur-Aube.

Et l'on ose dire *que des experts ont décidé qu'ils étaient antérieurs à 1845?*

Qu'ils auraient été achetés d'une personne autre que le fournisseur de l'échantillon accepté ?

Qu'ils auraient été travaillés de manière à paraître semblables audit échantillon ?

Qu'ils auraient été introduits subrepticement dans les magasins de l'entreprise ?

Lorsque les pièces mêmes, émanées de l'administration de Clairvaux et du maire de Bar-sur-Aube (dossier n° 3), prouvent le contraire !

4ᵉ GRIEF.

« Que les viandes fournies seraient généralement de mauvaise
« nature, provenant de bêtes maladives et comme telles spécia-
« lement recherchées pour être livrées à la consommation de la
« maison ; que ces faits seraient de notoriété publique dans les
« communes voisines de ladite maison, et qu'il en est déposé par
« de nombreux témoins dans l'information verbale déjà citée.

RÉPONSE.

Nous ignorons si notre fournisseur a acheté et fourni des viandes
de mauvaise nature et provenant de bêtes maladives; il nous a assuré n'en avoir jamais fourni, et nous le croyons.

Il était d'ailleurs tenu par notre marché, de ne fournir que des
viandes de bonne qualité, conformes aux prescriptions du cahier
des charges, et de remplacer, à ses frais, toutes celles que l'administration rejetterait. Nous en faisons la preuve par l'original même du
marché (dossier nº 4).

Nous ne pouvions faire davantage ; aucun entrepreneur, aucune
régie ne peut faire plus. L'administration est seule coupable si elle a
reçu des viandes de mauvaise qualité.

Tout ce que nous savons au sujet de bêtes maladives, et ces faits ne
sont venus à notre connaissance que postérieurement à leur accom-
plissement, c'est que l'administration actuelle a fait livrer et mettre
dans la marmite des détenus, sans nous consulter, toutes les bêtes
mortes de maladie dans la colonie agricole, moutons, veaux, *taureaux*,
et qu'elle s'est fait payer cette mauvaise viande au prix de 80 cent.
le kil. comme nous payons la bonne, bien qu'elle sût qu'elle était
mauvaise. C'est un fait de notoriété publique à Clairvaux, et
qui explique cette accusation dirigée contre notre fournisseur,
par l'administration, qui, seule à notre connaissance, a fourni

des viandes de mauvaise nature et provenant non-seulement de bêtes maladives, mais encore de bêtes mortes de maladie.

Cela est déplorable sans doute, mais il n'a pas dépendu de nous de l'empêcher; d'abord, parce que nous ignorions que la viande fournie par l'administration fût de mauvaise qualité; ensuite, parce que l'article 100 de notre cahier des charges, confère à l'administration le droit d'imposer à l'Entreprise tous les produits de sa colonie agricole.

<h3 style="text-align:center">5e GRIEF.</h3>

« Qu'en ce qui touche les légumes frais, un rapport du phar-
« macien, en date de juin 1847, constate qu'à cette époque, la
« plus favorable de l'année, l'infirmerie, plus de six jours, ne
« put être approvisionnée. »

<h3 style="text-align:center">RÉPONSE.</h3>

S'il est vrai que l'infirmerie ait manqué de légumes frais pendant six journées en juin 1847, c'est la faute de l'administration et non la nôtre.

Par un marché passé entre le prédécesseur de M. Marquet-Vasselot et nous, le 23 juin 1845, l'administration fut substituée à notre lieu et place pour la fourniture des légumes frais, ainsi que cela résulte de notre marché pour cette fourniture (dossier n° 5). Ce marché a eu son exécution jusqu'au 23 juin dernier, comme le prouvent les lettres du directeur, des 17 et 18 juin, qui font partie du même dossier.

Une lettre de M. le pharmacien de la maison, du 16 décembre, constate que, le 24 juin, époque de notre reprise de cette partie du service, les légumes frais ont été régulièrement fournis. Si donc des légumes frais ont manqué pendant six jours en juin, c'est l'administration qui est seule coupable de ne point les avoir fournis.

Et elle nous en accuse !

Ce n'est point, au surplus, la première fois qu'elle est prise en faute au sujet de cette fourniture dont elle avait la charge.

Pendant les mois de mars, avril, mai et juin derniers, elle a fourni :

170 kilog. de riz en remplacement de 1,360 kilog. légumes verts.
2,078 litres légumes secs en remplac. de 9,662   »   »   »

Cela est constaté par les *bons* de M. le sous-directeur, qui sont également classés au dossier n° 5.

Pendant quatre mois consécutifs donc, l'administration a manqué à l'obligation contractée par elle de fournir cette partie du service alimentaire.

Et elle demande la régie pour être chargée de toutes les fournitures ! Pour mieux faire que l'Entreprise !

6ᵉ GRIEF.

« Attendu que, contrairement aux dispositions de l'article 8,
« la demi-ration supplémentaire ou sa valeur en argent n'aurait
« point été fournie intégralement aux prévôts ; que, du jour de
« l'entrée en jouissance des entrepreneurs, au 6 février 1847,
« une retenue de 50 c. aurait été opérée par mois sur chaque
« prévôt. »

RÉPONSE.

Déjà sous nos prédécesseurs, et depuis l'origine de l'Entreprise, la demi-ration attribuée aux prévôts par l'art. 8 avait été évaluée à 1 fr. par mois, et comme nous l'avons fait observer à M. le directeur par notre lettre du 14 février dernier, nous n'avons fait que suivre les errements déjà établis dans la maison, en continuant de payer 1 fr., prix fixé par l'administration elle-même et admis par M. le directeur actuel lui-même depuis la fin d'août 1846 jusqu'au 3 février 1847, pendant cinq mois.

Dès la première réclamation nous avons offert de rentrer dans les conditions de l'article 8, c'est-à-dire de fournir la demi-ration en nature ; ce qui nous était tout aussi avantageux que de payer 1 fr. M. le directeur a reconnu , par sa lettre du 6 février, que nous étions parfaitement dans notre droit, et cela a été exécuté jusqu'en mai, époque à laquelle, sur sa *nouvelle demande*, et pour lui être agréable, l'un des entrepreneurs a converti cette demi-ration en une somme de 1 fr. 50 c., payée mensuellement.

Que résulte-t-il de tout cela ?

C'est que nous ne sommes pas sortis de la plus stricte légalité ; et que M. le Directeur le savait fort bien, lorsqu'il n'a pas craint de nous incriminer à ce sujet sans aucun fondement, sans aucun prétexte même.

7ᵉ GRIEF.

« Attendu que, d'après les registres d'administration et de po-
« lice et les rapports du pharmacien en chef, il aurait été re-
« connu qu'aux dates du 18 avril, 10 et 25 mai, 4 et 24 août, 8 et
« 13 septembre et encore le 30 novembre 1847, de la viande de
« mauvaise qualité et contenant, à plusieurs de ces dates, des
« dépôts d'eau purulente, aurait été fournie par l'Entreprise,
« alors que l'article 13 prescrit, particulièrement pour les ma-
« lades, l'usage de viande de bonne qualité. »

RÉPONSE.

Et que prescrit l'article 13 dans le cas où la viande ne serait pas de bonne qualité ?

Il prescrit le rejet et le remplacement immédiat.

Cela n'a-t-il point été fait ?

Que peut-on prétendre de plus ?

Il n'y a probablement pas un boucher en France qui ne livre

quelquefois, par erreur, de mauvaise viande, le nôtre a bien pu se tromper comme tous les bouchers de France.

Nous ajouterons que nous n'avons jamais assisté à aucune livraison de viande; que la viande est livrée directement par notre fournisseur à l'administration de la maison; que le premier ne doit fournir que de la viande de bonne qualité et remplacer immédiatement à ses frais toute celle que l'administration rejetterait; aussi, ne nous en mêlons-nous pas, étant complétement désintéressés dans cette question, si ce n'est que nous *serions volés* si l'administration recevait de mauvaise viande, puisque nous l'avons toujours payée et la payons toujours comme bonne au prix le plus élevé dans les maisons centrales; plus cher que deux maisons en régie sur trois, plus cher que la garnison de Clairvaux, plus cher que le bureau de bienfaisance de Bar-sur-Aube.

La maison de Melun la paye................. 80 c. le kilog.
    —   de Gaillon   — 74
    —   de Fontevrault — 60
La garnison de Clairvaux — 72
Le bureau de bienfaisance de Bar-sur-Aube..... 75
Nous la payons.......................... 80

Nous fournissons la preuve de ces faits par des certificats, par la quittance de notre fournisseur, par notre marché avec lui (dossier n° 4).

Nous ne faisons, d'ailleurs, en achetant la viande de la sorte, que ce que font tous les autres entrepreneurs et l'administration elle-même dans les maisons en régie. Comme nous, tous les entrepreneurs et toutes les régies sous-traitent cette fourniture, attendu que, pas plus que nous, ils ne peuvent produire les denrées alimentaires· L'article 13 du cahier des charges d'ailleurs porte, au sujet de la viande : « Elle sera examinée par l'inspecteur lors de la livrai- « son; et si ce préposé la trouve défectueuse, il en préviendra « aussitôt le directeur qui, après l'avoir fait examiner par les « officiers de santé, la rejettera, s'il y a lieu, en fera sur-le-champ

« fournir d'autre aux frais de l'entrepreneur et dressera un procès-
« verbal qu'il transmettra de suite au Préfet. »

Or, cette formalité n'a pas été une seulefois remplie : veut-on savoir pourquoi ? C'est parce qu'il n'y a eu aucun refus sérieux de
viande, aucun ; que tous les rejets dont on parle n'ont porté que sur
quelques faibles parties de viande, remplacées par d'autres parties
provenant des mêmes animaux, et ont été effectués le plus souvent
par de simples surveillants, après l'acceptation du sous-directeur,
sans aucune formalité légale, contrairement à l'article 13, qui
prescrit de dresser procès-verbal.

8ᵉ GRIEF.

« Attendu que le registre de correspondance et celui contra-
« dictoire avec l'entreprise, aux dates des 25 octobre 1844, 12
« janvier 1845, 12 mai 1847, dénotent les luttes de l'administra-
« tion pour obtenir les objets de première nécessité, soit dé-
« taillés, soit généralisés en l'article 17, et réclamés pour les
« besoins de l'infirmerie. »

RÉPONSE.

Nous trouvons trois lettres de M. le directeur, à la date du 25 octobre 1844, dont la première et la dernière (nᵒˢ 228 et 230) élèvent
quelques réclamations au sujet de nos fournitures *d'après les rapports qui lui auraient été faits,* sans qu'il eût vérifié par lui-même
par conséquent. La troisième lettre (nᵒ 229) ne contient pas même
de réclamation ; elle fait des réserves pour l'avenir. Ces lettres font
partie du dossier nᵒ 8.

Il y a cependant trois faits incontestablement vrais dans ces lettres,
c'est que nous n'avions pas encore fourni les mouchoirs, les caleçons
et les gobelets et cruches en zinc, fournitures prescrites par le nouveau cahier des charges en vigueur depuis le 16 août 1844, et qui

n'étaient point imposées par le précédent. Nous n'avions point encore achevé notre inventaire de reprise avec nos prédécesseurs, et, comme on doit le penser, nous étions beaucoup plus préoccupés de cet inventaire que de ces trois fournitures nouvelles qui avaient été jugées inutiles, pendant plus de 3o ans, puisque jusque-là on ne les avait jamais prescrites.

Quoi qu'il en soit, pour les mouchoirs, un échantillon fut remis de suite, ainsi que la lettre n° 228 le demandait, et la fourniture en fut effectuée bientôt après. Nous fûmes dispensés de fournir les caleçons et les gobelets et cruches en zinc, jusqu'à nouvel ordre, ainsi que nous le démontrerons en répondant au sujet de ces articles.

Ces trois lettres, au surplus, ne furent suivies d'aucune réclamation nouvelle de la part du directeur de cette époque, *ce qui prouve incontestablement*, qu'il n'y avait aucune sorte de lutte au sujet de nos fournitures entre nous et M. Salaville.

La lettre du 12 janvier 1845 nous réclame des bandages du côté droit, des sangsues et de l'amidon, qui furent immédiatement fournis.

Où voit-on là la moindre lutte ?

Nous ne pouvons nous approvisionner de ces objets pour 9 ans, durée de notre marché, et il faut bien que l'administration nous prévienne en temps utile pour ne point nous exposer à en manquer.

Au 12 mai, nous trouvons sur le registre de correspondance contradictoire, onze demandes du directeur auxquelles il a été fait droit immédiatement, à une seule près, celle d'un échantillon de droguet, attendu que le droguet n'était pas encore fabriqué, ainsi que nous l'avons expliqué dans notre réponse.

Et l'on appelle tout cela des luttes ?

Toute la correspondance, classée au dossier n° 8, prouve évidemment le contraire.

8° CHIEF.

« En ce qui touche les articles 22 et 23 du cahier des charges,
« attendu qu'il appert du registre de correspondance avec l'en-

« treprise que, contrairement aux dispositions de l'article 22, et
« jusqu'à la date du 19 février 1847, les condamnés ayant à
« passer deux ans au moins dans la maison, n'ont point reçu
« jusqu'alors, à leur arrivée, un habillement neuf d'hiver. »

RÉPONSE.

Cette disposition n'a jamais été complétement exécutée dans aucune
maison , par l'empêchement qu'y apportent les directeurs eux-
mêmes, qui veulent généralement qu'à chaque rechange on habille
à neuf tous les employés détenus, n'eussent-ils même que trois mois
à faire; et nous défions que l'on trouve un seul inspecteur général
des prisons, un seul directeur, autre que M. Marquet-Vasselot, qui
puisse vouloir incriminer un entrepreneur pour ce fait. Sur trois
maisons en régie, il n'y en a point une seule où cela s'exécute, une
seule où cela se soit jamais exécuté.

M. Marquet-Vasselot lui-même n'a jamais songé à le demander
avant sa lutte avec l'Entreprise.

Qu'il dise donc pourquoi il ne l'a point demandé l'hiver dernier?

Cette prescription de l'article 22 est d'ailleurs modifiée par les pa-
ragraphes suivants, qui seuls ont été adoptés pour règle dans toutes
les maisons sans exception, et qui prescrivent seulement un vêtement convenable, quelle que soit la durée de la peine.

Par suite, l'entrepreneur doit faire en vêtements neufs, ce qui est
nécessaire pour entretenir son vestiaire dans un état convenable ; il a
intérêt à donner de préférence ces vêtements aux détenus qui ont
deux ans ou plus à faire, et s'il ne les leur donne point en totalité,
c'est l'administration qui l'en empêche.

Et M. Marquet-Vasselot ose nous incriminer pour ce fait !

Nous faisons connaître ce qui se pratique dans les autres maisons
centrales par une lettre de M. Diey, inspecteur général des prisons
et directeur adjoint des régies, classée au dossier n° 9.

Nous fournissons de plus la preuve, dans notre réponse au 18 grief, que, sur ce point, nous avons même dépassé les prescriptions du cahier des charges, en fournissant beaucoup plus de vêtements neufs que nous n'en devions.

10ᵉ GRIEF.

« Que les rapports, la correspondance avec l'Entreprise, « enfin, les inventaires prouvent qu'aux dates des 25 octobre « 1844, 7 avril 1845, 5 janvier 1847, les caleçons, faisant partie « du vêtement d'hiver, n'ont jamais été fournis. »

RÉPONSE.

Nous avons déjà dit (art. 8) que nous n'avions point fourni les caleçons en 1844, parce que le directeur nous en avait dispensés; parce que le précédent cahier des charges, qui ne prescrivait point de caleçons, prescrivait des pantalons doublés jusqu'au genou ; parce que le nouveau cahier des charges, qui prescrivait des caleçons, prescrivait des pantalons non doublés; parce qu'on nous avait obligés à recevoir de nos prédécesseurs des pantalons doublés, et qu'il n'eût point été équitable de nous imposer la double dépense de la doublure des pantalons et des caleçons. La lettre même de M. le directeur actuel, du 7 et non du 5 janvier 1847, constate cet accord entre nous et l'administration.

Cette lettre porte : « L'article 23 de votre marché statue : Que, « pendant la saison d'hiver, un caleçon fera partie du vêtement des « condamnés. C'est encore là une mesure qui intéresse essentielle- « ment la conservation de la santé. L'application en est urgente. En « conséquence, je vous invite à prendre immédiatement des disposi- « tions pour que *tous les détenus qui n'ont pas de pantalons entiè- « rement doublés*, reçoivent un caleçon. »

Maintenant, a-t-on bonne grâce à chercher dans un pareil accord un motif de reproche?

11ᵉ GRIEF.

« Que l'invitation, donnée le 25 octobre 1844, de compléter
« le vêtement d'hiver du quartier des jeunes détenus, n'a point
« été prise en considération ; qu'au contraire et dans les temps
« postérieurs, ces jeunes enfants, suivant l'information verbale,
« n'auraient été couverts que de vêtements impropres à leur
« usage, troués, usés et infectés de vermine ; que nombre de ces
« enfants, en toute saison, ont été conduits à leurs travaux exté-
« rieurs sans guêtres, chaussons, ni sabots, et sans qu'il fût pos-
« sible de leur fournir le nécessaire à raison du manque d'appro-
« visionnements dans les magasins. »

RÉPONSE.

Une seule réclamation sans constatation régulière donne texte
à la longue énumération qui précède ; c'est celle du 25 octobre 1844.
Et que dit-elle ?

« Qu'un certain nombre d'enfants n'ont pas été pourvus de vête-
« ments d'hiver ;

« Que, parmi eux, il en est, âgés seulement de dix à douze ans,
« auxquels on donne, à défaut d'autres à leur taille, des chemises
« d'hommes qui leur descendent jusqu'aux pieds, par quoi ils se trou-
« vent empêtrés dans leurs vêtements, et tellement gênés dans leurs
« mouvements que le travail leur est absolument impossible. »

Cette lettre est au dossier nº 8.

Quelques enfants étaient encore habillés d'été le 25 octobre ;
d'autres avaient des chemises trop longues, et voilà tout. Cela est-il
étonnant, lorsque, comme nous l'avons dit, nous n'avions pas encore
achevé l'inventaire de reprise. Pouvions-nous avoir fait faire des chemises à la taille de ces enfants, sans savoir si nos prédécesseurs en
avaient ou n'en avaient pas ?

4

Et l'on ose ajouter que cette invitation du 25 octobre 1844 n'a point été prise en considération.

Mais quelle preuve fournit-on ? Aucune.

Ce qui nous prouve, à nous, qu'il n'y en pas eu , c'est le silence des deux honorables prédécesseurs de M. Marquet-Vasselot, qui établit évidemment que nous avons fait droit immédiatement à cette réclamation, sans attendre aucune mise en demeure.

Quant aux temps postérieurs, nous disons d'abord que l'état de délabrement du vestiaire des jeunes détenus n'a pas non plus été constaté par aucun acte régulier, et que nous avons constamment protesté contre les informations verbales qu'on nous oppose, parce qu'elles n'ont point été faites contradictoirement, parce que nous n'avons pas été appelés à nous défendre.

Nous pouvons cependant donner quelques explications précises quant aux sabots : on prétend que quelques détenus en ont manqué; on ne cite point de date, bien entendu, cela pourrait être compromettant pour M. le directeur. On le comprendra, lorsque l'on saura que nous devons, aux termes de l'article 24 du cahier des charges, une paire de sabots par trimestre pour chaque condamné ; que , jusqu'au mois de janvier 1847, l'administration a voulu en prendre directement livraison elle-même, n'en distribuer aux détenus que ce qui lui convenait, et nous faire rembourser en argent tout ce qu'elle économisait par ce procédé. Nous avons subi cette exigence , et la livraison des sabots aux détenus a été ainsi effectuée par l'administration, sous sa responsabilité, comme cela se pratique dans beaucoup d'autres maisons centrales.

Jusqu'au mois de janvier dernier, notre intervention s'est bornée à livrer tous les trois mois la paire de sabots prescrite pour chaque détenu, et à rembourser en argent à l'administration les sabots qu'elle économisait, argent versé par elle dans la caisse dite des sabots, dont la lettre de M. le directeur du 7 janvier 1847 et notre réponse, classées au dossier n° 1, constatent l'existence. Si donc quelques jeunes détenus ont manqué de sabots jusqu'au 1er janvier 1847, il n'a pas dépendu de nous de l'empêcher, puisque l'administration ne nous a pas permis de nous en mêler.

Quant aux autres récriminations de cet article, si elles sont vraies, que l'on mette donc les administrateurs de Clairvaux en cause. Pourquoi n'ont-ils point demandé? Pourquoi n'ont-ils point exigé?

Que pouvions-nous faire, nous, entrepreneurs, qui n'avons pas vu de vêtements en désordre, auxquels on n'en a pas seulement parlé?

Que M. Marquet-Vasselot explique donc son silence.

Qu'il prouve un seul refus de notre part; une seule mise en demeure après ce refus, au lieu d'invoquer après coup, tardivement, et pour les besoins de sa cause, des informations verbales dont nous contestons et la vérité et l'autorité.

12e GRIEF.

« Que de la correspondance avec l'entreprise à la date du « 10 février 1846, il résulte que, pendant ce même hiver, des bas « de coton étaient fournis aux femmes, et n'étaient changés que « tous les mois au plus, lorsque le cahier des charges prescrit « pour cette saison une fourniture de bas de laine et leur re- « change chaque semaine. »

RÉPONSE.

Si un certain nombre de femmes portaient des bas de coton au mois de février, c'est que l'administration de la maison l'avait trouvé à propos; et ce qui le prouve, c'est que la lettre de M. le directeur, du 10 février 1846, classée au dossier n° 12, que l'on invoque contre nous en cette circonstance, reconnaît que nous avions les bas de laine nécessaires au service. Il n'a point été répondu à cette lettre parce que nous y avons fait droit immédiatement. Quant au re- change, il a été fait dans tous les temps aux époques prescrites par l'administration, et nous défions M. Marquet-Vasselot de constater, à ce sujet, un seul refus de notre part. — Nous ne sommes surpris que d'une chose, c'est que la pensée ne lui soit pas venue de s'armer contre nous, pour ce fait encore, d'informations verbales.

13ᵉ GRIEF.

« Que tel était l'approvisionnement du vestiaire en janvier
« 1847, que le directeur, le 5 dudit mois, sommait l'Entreprise
« d'avoir à fournir des sabots à un certain nombre de femmes et
« de jeunes filles, forcées de marcher nu-pieds faute de cette
« chaussure. »

RÉPONSE.

Comme on le voit par la correspondance, et comme nous l'avons
déjà dit, article 11, nous avons directement livré à l'administration,
jusqu'au 1ᵉʳ janvier 1847, tous les sabots prescrits par le cahier des
charges. La correspondance établit encore qu'à partir de cette époque, il fut convenu avec l'administration que nous fournirions directement les sabots aux détenus au fur et à mesure des besoins,
comme toutes les autres parties du vestiaire, et sans avoir égard à
leur durée, ainsi que cela fut exécuté et s'exécute encore aujourd'hui.
Il fallait donc, dès lors, que l'administration nous fît connaître les
besoins pour y satisfaire, et si quelques femmes manquaient de sabots le 7 janvier, ce serait bien uniquement la faute de l'administration qui ne nous l'aurait pas fait connaître plus tôt, et qui, d'ailleurs, avait le droit d'en faire délivrer d'office. Or, l'administration
prouve-t-elle que nous ayons refusé des sabots à ces femmes ? Prouve-
t-elle que nous ayons été mis en demeure par procès-verbal ? Qui ne
voit dans un pareil fait autre chose qu'une preuve de plus de l'incurie
du directeur de Clairvaux ?

14ᵉ GRIEF.

« Qu'à l'égard du linge manquant pour tout le service, les
« invitations du directeur, en date du 10 février 1846, le rap-
« port communiqué du sous-directeur, en date du 4 octobre de

« la même année, la nouvelle invitation des 16 et 17 février 1847,
« les rapports journaliers du pharmacien, du 29 mars et des 1er et
« 26 mai , les informations verbales des inspecteurs généraux
« constatent, soit l'impossibilité de vêtir de chemises les détenus
« au sortir du bain, ou de fournir des chemises de rechange aux
« hommes et aux enfants, soit la négligence du rechange hebdo-
« madaire des jeunes détenus, soit enfin la nécessité d'employer
« dans les infirmeries des linges déjà refusés pour usure ou mal-
« propreté. »

RÉPONSE.

Il n'est point question de linge dans la lettre du 10 février 1846 ; il n'est question que de bas, de chaussons, de guêtres, de pantalons ; et il fut fait droit immédiatement à cette réclamation de M. le directeur, puisqu'elle ne fut point renouvelée. Le rapport du sous-directeur du 4 octobre 1846 ne nous a point été communiqué, non plus que les rapports du pharmacien du 29 mars et du 1er au 26 mai, qui ne prouvent rien contre nous puisque nous n'avons point été appelés à y répondre. Tout cela prouve seulement une fois de plus l'incurie du directeur actuel. Quant aux invitations des 16 et 17 février 1847, que nous retrouvons aux dates des 16 et 18, la première au sujet des vêtements apportés par les détenus et discutée dans notre réponse du 18, qui prouve, par cela seul qu'elle est demeurée sans réplique, que nous nous sommes mis en mesure à ce sujet. La seconde, du 18, se borne à réclamer le rechange de 7 chemises qui fut immédiatement fait.

Et l'on qualifie tout cela : *impossibilité de vêtir de chemises des détenus, négligence des rechanges hebdomadaires, nécessité d'employer aux infirmeries des linges refusés.*

Nous n'avons point à répondre aux accusations puisées dans l'information verbale. Nous avons déjà dit comment elle avait été faite

(article 1er) ; elle ne précise point les faits par dates , nous ne pouvons donc vérifier ce qu'il y a de vrai ou de faux dans ses allégations ; mais, nous ne cesserons de le répéter, s'il y a eu négligence, pourquoi l'administration l'a-t-elle tolérée ? pourquoi ne l'a-t-elle point constatée, puisque son devoir lui prescrivait de le faire ? Pourquoi ne nous a-t-elle point informés ? Nous, entrepreneurs, pouvons-nous deviner ? Que l'on prouve donc notre refus d'obtempérer à des invitations régulières et justes , et nous comprendrons que l'on puisse nous incriminer pour cela.

Mais où voit-on de ces refus ? Où en est la constatation ? — Nous déniions d'ailleurs le fait de défaut d'approvisionnement ; nous affirmons que nous avons eu constamment en magasin au delà du linge prescrit par le cahier des charges ; et il serait impossible de prouver le contraire, puisqu'à aucune époque antérieure au 31 juillet 1847, l'administration n'a constaté contradictoirement avec nous la situation de notre lingerie, et qu'à cette date un inventaire fait par ordre de l'inspecteur général, M. Moreau-Christophe, établit la régularité de notre situation à cet égard.

Cet inventaire fait partie du dossier n° 18.

Et c'est dans de pareilles circonstances que l'on ose nous opposer, après un, deux et trois ans, l'autorité d'une information verbale que nous n'avons même pas été admis à contredire ?

15e GRIEF.

« Que, du registre de correspondance avec l'Entreprise, il ré-
« sulte encore, à la date du 3 février 1847, que le coucher aurait
« été refusé aux détenus en cellule. »

RÉPONSE.

Jamais le coucher n'a été refusé aux détenus en cellule, ainsi que le prouve notre lettre du 4 février 1847, en réponse à celle du 3 du même mois, demeurée sans réplique sur ce point, bien qu'il ait été répondu au sujet des prévôts, dont traite la même lettre. Ces lettres sont au dossier n° 15.

16ᵉ GRIEF.

« Qu'en mai 1847, le pharmacien réclamait sans cesse, mais
« vainement, les vêtements nécessaires aux malades en état de
« les porter ;

« Que, le 12, le gardien envoyé en personne pour demander
« des vêtements n'avait obtenu qu'une réponse dilatoire ; que, le
« 17, l'Entreprise proposait de reprendre aux convalescents
« leurs chaussons pour les donner aux malades ;

« Que, le 18, la demande d'habillement d'été faite pour six
« enfants, à défaut de vêtements d'hiver, n'avait été suivie d'au-
« cun succès ;

« Que les 21 et 24, vingt malades autorisés à prendre l'air
« dans les promenoirs ne le pouvaient faute de vêtements et ex-
« primaient hautement leurs plaintes ;

« Que, le 26, les mêmes plaintes pour même cause étaient
« encore renouvelées sans plus de succès ;

« Que tous ces faits sont constatés par les rapports du phar-
« macien en chef aux époques susdites, et que tous autres analo-
« gues, pendant des périodes de temps longues et continues,
« sont révélés à l'égard des détenus valides ou infirmes, par in-
« formation verbale des inspecteurs généraux. »

RÉPONSE.

Voilà cinq ou six refus de vêtements que l'on nous reproche en mai
dernier.

M. le directeur, au mois de mai dernier, a constaté *une seule réclamation*. Le 24, le registre de correspondance, à cette date, prouve

qu'elle était mal fondée. Eùt-il négligé de constater les autres, si elles eussent été fondées ?

Pour nous que signifient les rapports du pharmacien puisqu'ils ne nous sont point communiqués ?

Est-ce que nous pouvons y répondre sans les connaître ? Est-ce qu'ils prouvent que les vêtements nécessaires n'existaient pas ? — Une seule réclamation, nous le répétons, est constatée par le directeur, celle de vingt vêtements pour vingt détenus malades, qui ne les avaient point reçus parce qu'il avait plu à un gardien de ne point les leur donner, et il y a été fait droit aussitôt ; ils ont été délivrés le jour même ; M. le directeur en a signé la déclaration en marge de la réponse de notre gérant.

Y a-t-il loyauté et bonne foi à vouloir nous incriminer pour ce fait ?

La correspondance échangée à ce sujet est au dossier n° 16.

Quant à l'information verbale des inspecteurs généraux pour des faits analogues, nous lui opposons de nouveau une dénégation formelle, et lui dénions toute valeur.

17ᵉ GRIEF.

« Que, le 30 novembre dernier, un état certifié de cent trente-
« une casquettes à renouveler fut remis à l'entreprise; que, sur ce
« nombre, cinquante-trois seulement furent remplacées ; que, le
« 8 décembre, nouvelle inspection eut lieu ; que la nécessité du
« rechange de soixante-treize casquettes restant encore fut con-
« statée de nouveau après refus de l'Entreprise d'assister à cette
« vérification, et que procès-verbal en fut dressé. »

RÉPONSE.

L'état en question a été fait le 4 décembre, et remis à l'Entreprise le 5.

Il a été ensuite réclamé à notre agent, sous prétexte d'en prendre une copie. Il l'a remis, et l'on a remplacé la date 4 décembre par celle 3o novembre, par surcharge, ainsi que cela peut encore se reconnaître. — Quel abus étrange ! Employons ce mot pour n'en pas employer d'autre.

Comment ose-t-on dire que c'est le 3o novembre que fut demandé le rechange ? C'est le 4 décembre. Il est impossible de ne pas remarquer la correction réfléchie qu'on a fait subir à l'état qui nous fut remis. Il est clair qu'en obtenant de l'un de nos employés la restitution momentanée de cet état, rédigé le 4 décembre, on a jugé convenable d'altérer et de changer cette date, afin de nous mettre en apparence sous le coup de l'article 85. Encore une fois, il s'agit seulement d'y regarder.

Mais, après tout, que veut-on faire de cette histoire de 131 casquettes ? Quand même on parviendrait à la tourner au mieux, serait-il possible d'en faire jaillir une de ces fautes qui peuvent décider du sort d'un contrat ?

Et, spécialement, on peut, si on le veut, compter pour rien la date du 4 décembre, et admettre que c'est le 3o novembre que cet état nominatif nous a été remis. Dans ce cas, quelle serait la valeur de cette petite chose ?

En fait, ce serait un léger retard dans le rechange de quelques casquettes : six ou sept jours auraient été perdus.

En droit, la remise de l'état nominatif constitue une demande ; mais il n'y a qu'un procès-verbal qui mette en demeure. Le délai de clause pénale n'aurait donc commencé que le 8 décembre, et notre distribution a commencé le 7 et a fini le 10. Cela prouve, une fois de plus, combien on tourmente les faits, les choses et les dates, pour nous tourmenter nous-mêmes.

18ᵉ GRIEF.

« Attendu que de l'ensemble de l'information verbale, résulte « encore que, depuis deux ans, le vestiaire a été maintenu dans le

« plus mauvais état possible : qu'il n'a jamais permis de re-
« changer les vermineux autant qu'il eût été nécessaire ; que
« tous avertissements, observations, procès-verbaux, sont res-
« tés inefficaces ; que cet état de choses constituerait la viola
« tion permanente des articles 22 et 23 du cahier des charges. »

RÉPONSE.

*Depuis deux ans le vestiaire a été maintenu dans le plus mauvais
état possible,* dit-on.

Et deux inspecteurs généraux, qui ont inspecté la maison, et deux
directeurs, qui l'ont administrée, auraient toléré cela !

Est-ce que nous pouvions frauder sur les vêtements, par hasard ?
Est-ce que nous pouvions faire, s'ils étaient dans le plus mauvais état
possible, qu'ils parussent en bon état ? Alors donc, que l'on mette
en cause et les deux inspecteurs généraux et les deux directeurs ; car
ils avaient mission d'exiger que toutes les fournitures de l'Entreprise
fussent bonnes et convenables.

L'Entreprise n'avait mission que d'obéir ; elle a obéi, car on *ne
constate point un seul refus.*

Et l'on ose dire que *tous avertissements, observations, procès-verbaux, sont restés inefficaces !* Mais où est donc la preuve qu'il existe
des procès-verbaux, qu'il a été fait des observations, qu'il a été donné
des avertissements demeurés inefficaces ?

Si, en mars dernier, le vestiaire a laissé à désirer, à qui la faute ?
Le directeur actuel avait, dès l'entrée de l'hiver, autorisé les détenus
à porter *tous les vêtements de dessous leur appartenant,* sans qu'il
fût possible de les faire changer ni laver une seule fois, parce qu'ils
n'avaient qu'un seul de ces vêtements.

Le bon sens indiquait assez le danger d'une semblable tolérance.
Dans les autres maisons centrales, on n'autorise les détenus à porter
leurs vêtements personnels que lorsqu'ils en ont de rechange.

Cet usage n'ayant point été observé à Clairvaux, il en est résulté un grand accroissement de vermine dans la maison, l'hiver dernier, et des rechanges fréquents impuissants à détruire la vermine adhérente aux vêtements appartenant aux détenus, qu'on ne pouvait ni changer ni blanchir comme ceux fournis par l'Entreprise. Par suite de ces rechanges, des lessivages incessants ont dégradé notre vestiaire.

On le comprendra par le relevé suivant des rechanges faits du 15 janvier au 30 avril dernier, dont nous justifions par notre registre à ce destiné. On a changé :

Du 15 au 31 janvier :	Vestes .... 159 Gilets..... 152 Pantalons.. 195	}	506
En février :	Vestes .... 420 Gilets..... 400 Pantalons.. 436	}	1,256
En mars :	Vestes .... 457 Gilets..... 401 Pantalons.. 573	}	1,431
En avril :	Vestes .... 519 Gilets..... 395 Pantalons.. 536	}	1,450

Total en trois mois et demi....   4,643 vétem.

Dont 1,555 vestes.
    1,348 gilets.
    1,740 pantalons.

Inutile d'expliquer plus au long le préjudice causé aux vêtements et à l'Entreprise par tous ces rechanges. Inutile de dire même que la réserve de 400 vêtements, prescrite par le cahier des charges, se fût trouvée insuffisante pour faire face à de pareils besoins, si l'Entreprise prévoyante n'avait eu un bien plus grand nombre de vêtements que celui que prescrivait le cahier des charges. Et en effet, quoi qu'en disent tardivement certaines informations verbales, à toutes les époques, et malgré les circonstances extraordinaires qui se sont produites, nous avons eu les moyens de pourvoir à tout.

Ce qui le prouve, c'est que pendant le séjour de M. l'inspecteur général Dugat, les rechanges quotidiens qu'il avait prescrits pour détruire la vermine furent faits, malgré la rigueur de la saison (c'était en décembre, janvier et février), tant que l'administration le demanda. Plus tard, cette mesure ne reçut plus d'exécution. Quelle en fut la cause ?

Ne nous serait-il donc pas permis, à notre tour, de supposer ici au directeur une intention malveillante ? N'a-t-il pas voulu que le plus grand nombre possible de détenus se trouvât mal vêtu pour l'époque prévue par lui où M. le préfet viendrait visiter, pour la première fois, la maison centrale.

N'avait-il pas, dès lors, la pensée de tromper sa religion sur notre compte, en ne lui montrant du vestiaire que ce qu'il y avait à réformer ?

Il dépendait entièrement de lui d'obtenir de nous que tout fût en règle sous ce rapport, et si, à cette époque, il ne nous a pas mis en demeure, ni verbalement, ni par écrit, ni par procès-verbaux, d'aviser sur-le-champ aux besoins du service, n'est-ce pas pour s'en faire plus tard une arme contre nous?

Cette arme, au surplus, malgré toute sa perfidie, viendrait s'émousser sur le cahier des charges, qui ne fait point de tous ces détails, dépendants de la volonté administrative, des clauses résolutoires.

Il résulte d'ailleurs de l'inventaire du 31 juillet 1847 (dossier n° 18), le seul fait contradictoirement, que nous avions encore à cette époque :

2,020 vestes d'hiver ;
2,307 pantalons id.;
2,058 gilets   id.

La population en hommes et en enfants, étant de 1,625, nous avions donc en excédant :

395 vestes d'hiver ;
682 pantalons id. ;
433 gilets   id.

Sans compter ceux qui avaient été déjà détruits depuis le rechange d'été, et plus de 100 vêtements d'hiver qui étaient encore portés par les détenus en été.

On nous accuse toujours, et toujours sans preuves.

Nous prouvons, nous, la fausseté de ces accusations.

Nous venons de démontrer que, s'il y a eu à reprendre sur le vestiaire, ç'a été la faute du directeur ; pour que ce fût la nôtre, il faudrait, prouver que nous avons refusé de fournir les vêtements nécessaires aux rechanges , sur l'*ordre du directeur*, ce qu'on ne prouve nullement. Il faut que l'on sache, en outre, qu'il ne nous est pas permis, en cela, de prendre l'initiative; qu'il ne nous est pas permis de changer un détenu de vêtements, sans l'ordre de l'administration.

Nous allons établir maintenant qu'avec les vêtements reçus de nos prédécesseurs, et ceux confectionnés depuis notre entrée en service, nous avons fourni beaucoup plus que le vêtement neuf prescrit tous les deux ans, par chaque condamné.

Nous ne présenterons de calculs que pour le vestiaire d'hiver et pour les hommes seulement , le vestiaire d'été et celui des femmes n'ayant jamais donné lieu à des reproches sérieux.

Nous avons reçu de nos prédécesseurs :

Vestes neuves...................... 933 }
En service......................... 2,124 } 3,057

A reporter.... 3,057

Report........ 3,057

Pantalons neufs........................ 1,014)
En service............................. 2,288) 3,302
Gilets neufs........................... 1,080)
En service............................. 2,053) 3,133

Total des vêtements d'hiver, repris par inventaire, le 15 août 1844................. 9,492

Ces chiffres sont extraits de notre inventaire.
Nous avons repris en outre :

Droguets d'hivers foulés, largeur, 90 cent........ $2,385^m 70$
Nous avons confectionné, de juin 1845 à janvier 1847, conformément aux livres des tisserands, droguets d'hiver.......................... 5,598
Réduction au foulon, 1/10e............. 559

Reste droguets, largeur, 90 cent............... 5,039   »

Total du droguet foulé.................. $7,424^m 70$
employé pour le vestiaire d'hiver en 1845 et 1846.

Il est facile de supputer ce que cette quantité a pu produire de vêtements.

Il faut, pour une veste.............. 1,33
— — un pantalon............ 1,33
— — un gilet.............. 1,00
Pour un habillement complet........ 3,66

7,424 70 | 366
2,028

Ces 7,424 mètres 70 centimètres de droguet représentent donc 2,028 vêtements complets neufs, qui ont été faits depuis notre entrée en service ; en y ajoutant les 1,000 vêtements complets neufs, reçus de nos prédécesseurs, cela fait 3,028 vêtements complets neufs que nous avons fournis pour trois hivers, indépendamment de 2,000 vêtements complets vieux, mais en bon état.

Or, le cahier des charges fixe la durée des vêtements à deux ans ; la population des hommes et des enfants étant de 1,600 en moyenne, cela représente pour trois hivers, ou deux ans et demi :

> Savoir... . 1,600 pour deux hivers,
>
> Et pour un hiver 800
>
> ___________
>
> Total..... 2,400 vêtements complets neufs.

Nous justifions en avoir fourni trois mille.

Nous ajoutons que, bien que le cahier des charges fixe en principe la durée du vêtement à deux ans, il explique que néanmoins les vêtements encore propres au service, après cette durée, continueront à être portés par les détenus, comme il stipule en outre que les vêtements qui seraient hors de service avant deux ans seraient remplacés avant ce terme.

Encore donc pour cet objet nous avons fourni beaucoup plus que ne prescrit le cahier des charges, plus que la plupart des autres maisont centrales. Mais la mauvaise administration du directeur a paralysé tous nos efforts en laissant s'accroître, par la fausse mesure qu'il avait prise, le nombre des vermineux et en n'exerçant aucune répression contre les détenus qui dégradaient leurs vêtements par négligence ou volontairement.

Aujourd'hui, c'est pis encore sous ce dernier rapport. On excite les détenus à dégrader leurs vêtements, et on ne nous permet pas même de réclamer.

19ᵉ GRIEF.

« Attendu qu'aux termes des art. 17, 27 et 52, les entrepre-
« neurs sont tenus de fournir tout ce qui est nécessaire au
« service des infirmeries ;

« Qu'ils sont également chargés de toutes les fournitures gé-

« néralement quelconques, prévues ou non prévues ; que ce-
« pendant la correspondance du directeur, des 25 octobre
« 1844, 4 octobre 1846, les rapports du pharmacien, du
« 26 mars au 29 avril, des 6 mai et juillet 1847. démontrent
« les luttes incessantes entre l'administration et l'entreprise,
« pour obtenir de cette dernière, même le renouvellement des
« paillasses d'infirmerie. »

RÉPONSE.

Dans ce grief où il est question de *luttes incessantes*, on cite un seul fait, une seule réclamation, du 25 octobre 1844, à propos de paillasses d'infirmerie.

Mais il y fut fait droit immédiatement. Comment y a-t-on songé pour établir les *luttes incessantes* ?

Nous ne comprenons pas, en vérité, qu'on s'étaye de pareils faits pour former une demande en résiliation.

A l'article n° 14, linge, on cite déjà un rapport du sous-directeur, du 4 octobre 1846, dont nous n'avons jamais eu connaissance ; on cite maintenant une lettre du directeur à la même date, dont nous n'avons pas davantage eu connaissance.

L'existence de cette lettre, au surplus, aurait d'autant plus lieu de nous étonner, que le 4 octobre 1846 M. Marquet-Vasselot était à la chasse avec M. Petit, l'un des entrepreneurs, et qu'il n'existait alors entre M. Marquet-Vasselot et l'Entreprise que des *luttes* de bons procédés, de bon accord et de confiance.

Quant aux rapports du pharmacien, nous l'avons déjà dit plusieurs fois, ils ne nous sont point communiqués. Le directeur a seul qualité pour réclamer tous les objets nécessaires au service, il est seul coupable s'il ne les réclame pas lorsque les besoins l'exigent ; l'Entreprise n'a point le don de la divination et n'est point obligée de l'avoir.

20ᵉ GRIEF.

« Que sur le refus de l'Entreprise de fournir aux malades
« excédant le nombre de deux cents le coucher nécessaire, un
« grand nombre de ces derniers n'eut pour coucher, pendant
« ce laps de temps, qu'un matelas étendu sur le sol des salles ;
« qu'il fallut, pour contraindre l'Entreprise à cette fourniture,
« l'injonction ministérielle du 19 juin 1847, encore inexécutée
« le 30 du même mois. »

RÉPONSE.

L'Entreprise n'a jamais refusé aux malades excédant le nombre
de deux cents le coucher nécessaire, et il lui serait facile de prouver
non-seulement que pas un malade n'a couché sur un matelas étendu
sur le sol, mais encore que les malades qui, vu leur grand nombre,
ne pouvaient être couchés dans des lits d'infirmerie, l'avaient été
sur des lits de valides avec deux matelas. L'injonction ministérielle
dont on parle est une injonction à l'administration locale de n'exiger
de l'Entreprise que l'*indispensable* pour les malades excédant le
nombre ordinaire, tandis qu'elle nous demandait, pour tous, des
lits d'infirmerie avec tous leurs accessoires.

Autorisé par le ministre à exiger l'*indispensable*, le directeur nous
invite à délivrer une paillasse et un matelas ; mais, de l'avis des médecins, il revient sur cette demande et accepte, au lieu d'une paillasse et un matelas, deux matelas, de telle sorte que ce qui fut plus
tard reconnu convenir le mieux aux malades leur avait été fourni
avant même que le directeur l'eût demandé.

La correspondance classée au dossier nᵒ 20 fournit la preuve de
tous ces faits.

Toutefois si, à notre insu, on a pu faire coucher quelque malade
sur un matelas étendu sur le sol des salles, c'est uniquement la
faute de l'administration qui n'a encore jamais songé à contester

que nous eussions une quantité suffisante de lits et de matelas pour
coucher tous les détenus et qu'ils ne fussent à sa disposition.

21ᵉ GRIEF.

« Attendu qu'aux termes des articles **27**, § 6 et **32**, les matelas
« sur lesquels un détenu est décédé doivent être rebattus, les
« toiles lavées, ainsi que les couvertures ; que les effets de cou-
« cher, linge et autres objets des infirmeries doivent être blan-
« chis aux époques déterminées par les règlements de la mai-
« son ; que la règle prescrite pour les cas particuliers, en ce
« qui concerne le blanchiment, doit expressément s'appliquer
« aux couvertures des infirmeries ;

« Qu'il résulte cependant des rapports du pharmacien en
« chef, en date de février 1845, septembre 1846 et 1847 (sans
« date), que les capotes et couvertures n'auraient jamais été
« blanchies depuis quatre années, sinon à la suite de décès, fiè-
« vres typhoïdes, etc. ; que le blanchissage fut instamment
« réclamé par invitation consignée au registre contradictoire
« avec l'Entreprise, aux dates des 23 et 30 juin, et 8 juillet 1847,
« promis par l'entreprise et sans délai à ces mêmes dernières
« dates, réclamé de nouveau le 27 août, avec menace de le
« faire faire d'office, et commencé seulement à cette date ainsi
« qu'il est effectivement constaté. »

RÉPONSE.

Nous ne pouvons pas croire qu'il résulte des rapports de M. le
pharmacien que les capotes et les couvertures n'ont été lavées que
lors des cas de décès, fièvres typhoïdes, etc. Si ces rapports qui ne

nous étaient pas communiqués et que nous ne pouvions conséquemment pas connaître constatent cela, ils constatent une erreur, attendu que, sous l'ancienne Entreprise comme sous la nouvelle, les couvertures et les capotes ont été partiellement lavées chaque fois qu'elles ont eu besoin de l'être, ainsi que cela se pratique dans toutes les maisons centrales (voir la lettre de M. Diey, inspecteur général, classée au dossier n° 9). Du reste, indépendamment des lavages prescrits pour les couvertures, nous avons consenti, pour faire preuve de déférence, à les faire laver de nouveau conformément au désir du directeur ; la correspondance même que l'on invoque (dossier, n° 21) en est la preuve.

22° GRIEF.

« Attendu qu'aux termes du même article 32, les chaussons
« doivent être blanchis toutes les semaines;

« Que, cependant, le 10 février 1846, le directeur est dans la
« nécessité d'inviter l'Entreprise à faire changer les chaussons
« des hommes et des enfants, ceux qui leur ont été fournis lors
« du rechange et conséquemment le 15 octobre précédent, étant
« hors de service; que même invitation leur est renouvelée les
« 10 et 24 juin de la même année, et ce, attendu que jamais,
« jusqu'à ce jour, les chaussons n'ont été changés toutes les se-
« maines ainsi que le prescrit l'article 32 du cahier des charges,
« fait, constaté et avoué par la réponse de l'Entreprise, en date
« du 25 juin, avec cette circonstance notable que l'Entreprise
« déclare ne point être en mesure d'opérer ce rechange, et de
« se voir dans la nécessité de faire monter sur les métiers le
« droguet nécessaire à son confectionnement. »

RÉPONSE.

La lettre du 18 février 1846, tout en établissant que les chaussons n'étaient pas changés chaque semaine, prouve que c'était du consentement du directeur que l'article 32 était exécuté à cette époque différemment de ce qu'il a été plus tard. En effet, jusqu'alors, suivant les traditions de nos prédécesseurs, nous fournissions à chaque détenu deux paires de chaussons neufs en hiver, les laissant libres d'en disposer comme ils le voudraient.

Ce ne fut qu'en juin 1846 que le directeur demanda le lavage hebdomadaire des chaussons, et peu de temps après intervint la décision du ministre qui nous autorisait à ne changer que chaque mois en été et tous les deux mois en hiver, ainsi que cela se pratique dans les maisons en régie. La circonstance de l'aveu fait par nous à cette époque du manque de chaussons pour procéder au rechange hebdomadaire prouve bien que c'était une demande toute nouvelle de la part de l'administration, et l'empressement que nous mîmes à fabriquer les tissus pour en confectionner témoigne de notre désir d'obtempérer à cette demande.

Que peut-on nous reprocher à ce sujet? Tant que l'administration exige que la fourniture soit faite suivant l'ancien usage, nous la faisons; plus tard, quand elle désire qu'elle se fasse suivant l'article 32, nous obtenons du ministre, sur la demande du directeur, que le lavage et le rechange ne soient que mensuels, et dès lors nous exécutons la nouvelle décision du ministre, portée à notre connaissance par lettre du directeur du 10 août 1846, classée au dossier n° 22.

23ᵉ GRIEF.

« Attendu que, par l'article 33, l'adjudicataire est tenu de
« conserver, blanchir, réparer, enregistrer et étiqueter les vê-
« tements apportés par les détenus, pour leur être rendus lors
« de leur sortie;

« Que la correspondance du directeur avec l'Entreprise éta-
« blit la négligence de l'adjudicataire dans ce service;

« Que la même négligence est encore signalée par procès-
« verbal du 3 septembre, présent mois, et particulièrement,
« en ce qui touche les objets en laine, réclamés nombre de fois
« par l'administration, à l'effet de mettre les détenus, aux-
« quels ces objets appartiennent, à l'abri des intempéries de
« la saison. »

RÉPONSE.

Le cahier des charges ne détermine point de délai pour l'exécution de cette clause, et cela s'explique par la responsabilité de l'Entreprise, qui est tenue de rembourser aux détenus le prix des vêtements perdus ou détériorés par sa faute. On peut voir par notre lettre du 18 février, classée au dossier n° 14, que nous n'avons pas attendu l'avertissement du directeur pour nous mettre en règle sur ce point, et que s'il restait encore un certain nombre de vêtements à mettre en état, cela tenait à la rigueur de la saison.

Pour toute réponse au procès-verbal du 3 septembre, nous dirons que nous ne sommes tenus de prendre en charge que les vêtements apportés par les détenus et qui doivent leur être rendus à leur sortie, et non ceux qu'ils sont autorisés à porter dans la maison.

En conséquence, il ne pourrait, sur ce point, y avoir rien à incriminer, quand même, toute déférence à part, nous n'eussions pas agi suivant les désirs de l'administration.

Nous ajouterons que M. Marquet-Vasselot a renouvelé en 1847 la faute commise en 1846, en autorisant les détenus à porter les vêtements *de dessous* leur appartenant, bien qu'ils n'en aient qu'un seul, qu'on ne pourra changer ni laver de tout l'hiver par conséquent, et que ces vêtements engendreront de nouveau beaucoup de vermine dans la maison.

24° GRIEF.

« Attendu que les articles 37 et 38 imposent à l'adjudicataire
« l'obligation de faire blanchir tous les ans, au lait de chaux,
« tous les ateliers, dortoirs, etc., de faire peindre à l'huile toutes
« les parties des bâtiments et casernes susceptibles de cette opé-
« ration ; comme aussi d'entretenir en bon état de réparations
« locatives les bâtiments, cours, chemins et dépendances ; que
« du rapport de l'architecte, résulte que la première partie de
« ces obligations n'aurait point été remplie en 1845 ; que som-
« mée le 18 mai 1846, et itérativement le 1er juin, de faire les
« blanchiments prescrits, cette opération ne fut commencée que
« le 16 juillet, pour le quartier des hommes et celui des femmes
« seulement, et laissée inachevée le 28 octobre ; que rien ne fut
« blanchi cette année 1846, dans le quartier des enfants ;

« Qu'à l'égard des peintures à l'huile, malgré les invitations
« et sommations aux époques susdites, l'Entreprise se fondant
« sur l'absence d'état de lieux, encore bien que l'un des entre-
« preneurs en personne eût reconnu les lieux rendus en bon ·
« état d'entretien et de réparations locatives par l'Entreprise
« précédente, s'y refusa jusqu'au 16 septembre ;

« Que, par suite de ces retards apportés dans l'exécution de
« cette obligation, elle fut forcée, tant à raison du manque de
« matières premières qu'à raison de la saison, de suspendre
« indéfiniment les travaux à dater du 30 octobre suivant ;

« Que les mêmes objections ont été opposées encore les 18 no-
« vembre 1846 et 16 mai 1847 aux demandes itérativement

« faites de réparer les cours et chemins alors fortement dé-
« gradés. »

RÉPONSE.

On dit *que*, *du rapport de l'architecte, résulte que la première
partie de ces obligations n'aurait point été remplie en* 1845.

Que peut-on et que doit-on entendre par ces mots?

C'est que nous n'aurions point effectué ce blanchiment au lait de
chaux en 1845.

Or, la lettre même du directeur, du 18 mai 1846, porte :

« L'année dernière, vous le savez, le blanchiment au lait de
« chaux a été commencé trop tard, et n'a pas été *entièrement* ter-
« miné. »

Donc, nous avons fait blanchir en 1845. Si l'on n'a point *entièrement terminé*, nous l'ignorons, et il faudrait dire quelles sont les
parties qui n'ont point été terminées pour pouvoir en rechercher les
causes. Les réparations à la charge de nos prédécesseurs n'ont été
terminées qu'en 1846, et la lettre de M. le directeur lui-même, du
1er juin, nous informe que le procès-verbal de reprise des localités
n'avait été signé que le 15 janvier 1846. Donc, il est impossible de
dire si les parties de blanchiment, qui auraient été négligées en
1845, incombaient à nous ou à nos prédécesseurs.

Quant à 1846, nous avons reçu deux invitations, le 18 mai et le
1er juin, et notre réponse du 25 juin, demeurée sans réplique, prouve
que ces invitations ont été par nous prises en sérieuse considération.

Nous avons acheté de la chaux dès la réception de la lettre du 18,
et nous avons commencé le blanchiment le 16 juin et non le
16 juillet. Dès lors, comme toujours, tous les détenus employés à ce
blanchiment ont été aux ordres de l'administration qui, seule, a
qualité pour exiger d'eux un travail convenable. Son intervention
est d'autant plus nécessaire, en pareille circonstance, que les dé-

tenus se plaisent beaucoup à ce travail qui les autorise à circuler librement dans la maison, les débarrasse de la surveillance et leur procure des gratifications ; de sorte qu'ils le font durer le plus possible. On comprendra donc que, sans l'intervention de l'administration, on n'en finirait jamais.

En 1846, le blanchiment a duré du 16 juin au 20 octobre : quatre mois!... on aurait pu blanchir deux fois toute la maison pendant ce laps de temps. Si donc le quartier des enfants ne l'a point été, c'est à M. Marquet-Vasselot qu'il faut en attribuer la faute, car les blanchisseurs sont toujours restés aux ordres de l'administration avec les matières et les ustensiles nécessaires. Pour que nous fussions en faute, il faudrait que nous eussions refusé de faire blanchir le quartier des enfants, après avoir été mis régulièrement en demeure.

A l'égard des peintures à l'huile, comme on peut le voir dans notre lettre du 2 juin, nous pensions et nous pensons encore que nous étions fondés à les contester, attendu qu'elles ne nous avaient point été remises en bon état. Nous avions un précédent puisé dans une décision du conseil de préfecture de la Haute-Vienne confirmée par le ministre.

Nous demandâmes, en conséquence, que cette question fût soumise à M. le ministre.

Bientôt après, en juin 1846, M. Lucas étant venu à Clairvaux pour faire son inspection générale annuelle, la question soulevée par nous au sujet des peintures à l'huile lui fut soumise, et il fut arrêté, d'un commun accord, qu'attendu que le droit de l'administration n'était point clairement établi, on ne devait exiger de nous, en fait de peintures, que ce qui serait indispensable. C'est pour cette raison qu'une partie des peintures seulement fut faite en 1846, et, en les terminant en 1847, nous avons dépassé nos obligations.

M. l'inspecteur général Lucas, M. le directeur Leblanc et M. l'architecte de la maison peuvent témoigner de la convention ci-dessus qui est à la connaissance de M. Marquet-Vasselot, directeur actuel.

On prétend que les lieux ont été reconnus en bon état par l'un de nous. Pour se convaincre du contraire, on n'a qu'à se reporter à l'original même de cet état au bas duquel se trouve la signature de M. Testart, ancien entrepreneur, qui n'est pour rien dans l'entreprise actuelle. En sa qualité d'entrepreneur sortant, M. Testart avait intérêt à faire accepter les lieux tels quels. Quant à nous, nous défions qu'on rapporte aucune pièce où figure notre signature.

Mais puisqu'on a soulevé cette question des peintures, disons tout à ce sujet.

L'article 37 du cahier des charges nous impose la peinture des portes et fenêtres des logements des employés, sans que, toutefois, nous soyons obligés à peindre autre chose que les portes et fenêtres.

M. Marquet-Vasselot nous a fait peindre en 1846 son appartement tout entier : c'est là, ainsi que nous le prouverons en temps et lieu, une de ses plus petites exigences.

A propos de l'entretien des cours et chemins, nous ne retrouvons qu'une seule réclamation, à la date du 16 mai 1847, et quoique la non-acceptation par nous de l'état des lieux nous permît de contester l'obligation de cet entretien jusqu'à l'acceptation, nous avons néanmoins, au mois de juin dernier, fait aux cours et chemins les réparations demandées.

35e GRIEF.

« En ce qui touche les articles 39, 41 et 42, concernant le
« chauffage et l'éclairage ;

« Attendu que, dès le 25 octobre 1844, des plaintes se sont
« élevées à raison du défaut de chauffage de l'infirmerie ; que
« malgré les promesses consignées en septembre 1847, au
« registre contradictoire de l'Entreprise, il est constaté par
« procès-verbal, en date du 5 novembre suivant, que les loges
« où couchent les gardiens ne sont point chauffées. »

7

RÉPONSE.

Ces plaintes du 25 octobre ont déjà fourni texte à quatre incriminations (n°ˢ 8, 10, 11 et 19); on les cite ici pour la cinquième fois.

Avons-nous refusé le chauffage de l'infirmerie dès que l'administration l'a demandé? — Qui ne comprend qu'on ne doit faire du feu à l'infirmerie que lorsque les médecins le prescrivent, et ne faut-il pas que nous soyons prévenus de cette prescription? —La demande du 25 octobre n'eut pas besoin d'être renouvelée; aussitôt qu'elle fut connue de nous, il y fut fait droit.

Quant aux promesses consignées en septembre 1847 au registre de correspondance, au sujet du chauffage des loges de gardiens, elles prouvent notre grande condescendance envers l'administration, et pas autre chose.

Nous ne devons point ce chauffage, et on n'a pas, par conséquent, le droit de l'exiger; et voilà pourquoi nous l'avons refusé et pourquoi nous le refusons encore.

Vous jugerez, Messieurs, si les dortoirs des gardiens sont des loges. Nous affirmons que ces dortoirs ne sont chauffés dans aucune maison centrale, dans aucune maison en régie. On chauffe seulement les corps de garde, les geôles et les loges où l'on veille, et non les dortoirs, qui ne servent que pour dormir, et qu'il plaît à M. le directeur de Clairvaux de qualifier de loges. (Voir la lettre de M. Diey, inspecteur général des prisons, classée au dossier n° 9.)

26ᵉ GRIEF.

« Qu'il résulte du registre de correspondance avec l'Entre
« prise, qu'une partie des dortoirs ne fut point éclairée pendant
« la nuit;

« Que plainte en fut portée par l'administration à l'Entreprise
« qui s'empressa de promettre l'exécution de cette obligation;

« Que, le 18 mai 1846, elle fut invitée de nouveau à tenir
« sa promesse; qu'enfin, le 10 juin suivant, faute d'exécution
« par l'Entreprise, le directeur se vit contraint de pourvoir di-
« rectement à l'éclairage desdits dortoirs;

« Que les rapports du pharmacien en chef constatent que
« des veilleuses par lui demandées le 23 juillet 1847, pour les
« salles de l'infirmerie, réclamées de nouveau le 23 août,
« n'étaient point encore fournies le 13 septembre suivant;

« Que l'éclairage, pour cette partie du service, était encore
« l'objet de nouvelles réclamations à la date du 14 novembre
« dernier. »

RÉPONSE.

Les petits dortoirs dont il s'agit, qui ne contiennent pas, tous ensemble, plus de cent lits, n'avaient jamais été éclairés avant 1846,
les directeurs qui s'étaient succédé à Clairvaux avant cette époque
ayant jugé cet éclairage inutile à cause de l'impossibilité de la surveillance, et nuisible à cause du séjour de la fumée dans des pièces
fort petites et à voûtes très-basses!

Cependant M. Leblanc demanda cet éclairage, pour la première
fois, le 18 mai 1846, et ce fut d'accord avec nous qu'il fit acheter les
veilleuses nécessaires, dont le coût était pour nous sans aucune
importance.

Quant aux rapports du pharmacien, en 1847, nous avons déjà dit
qu'ils ne nous sont point communiqués, et s'il est vrai que l'infirmerie ait manqué de veilleuses, c'est la faute de M. Marquet-Vasselot
seul, qui ne nous en a point informés.

27ᵉ GRIEF.

« A l'égard des ustensiles de toute sorte à fournir, entrete-
« nir et remplacer par l'adjudicataire, et énoncés en l'arti-
« cle 45 : attendu que de la correspondance résulte que dès
« l'origine de l'Entreprise actuelle, les gobelets et ustensiles
« prescrits par ledit article n'ont point été fournis ; que
« sommation lui fut faite, le 25 octobre 1844, d'avoir à livrer
« lesdits objets à peine de se voir appliquer les dispositions de
« l'article 85 du cahier des charges; que, nonobstant les pres-
« criptions par l'inspecteur général, en date d'août 1845, par
« le directeur, les 18 mai 1846 et 16 février 1847, de se con-
« former aux dispositions du § 5 de l'article 45, l'exécution n'en
« fut obtenue qu'à la fin de février dernier. »

RÉPONSE.

Les détenus n'ont jamais manqué des ustensiles nécessaires ; ils
étaient seulement en poterie et en fer-blanc, au lieu d'être en zinc ou
en étain.

Trois fois, en 1844, 1846 et 1847, on nous a invités à les fournir
dans les conditions de notre cahier des charges; nous n'avons jamais
refusé de les fournir. Seulement, sur nos observations, M. Salaville
nous autorisa à différer cette fourniture, parce qu'il était équitable de nous laisser user les ustensiles repris de nos prédécesseurs.
Ce qui le prouve, c'est l'absence de toute réclamation de sa part.
Nous avons fourni, en 1845, les ustensiles en zinc pour les valides.
La lettre de M. le directeur du 18 mai 1846 n'élève de réclamation
que pour les ustensiles de l'infirmerie, qui étaient encore en poterie
au lieu d'être en étain, et pour des vases de nuit que nous avons en
magasin, et que l'administration n'a jamais voulu faire mettre en
service parce qu'ils offrent réellement plus d'inconvénients que les

baquets. Quant aux ustensiles d'infirmerie, sur nos observations, M. Leblanc nous autorisa à conserver ceux existants en service. M. Marquet-Vasselot, qui lui-même les avait trouvés suffisants pendant les six premiers mois de sa direction, se ravisa le 16 *février dernier;* nous nous empressâmes dès lors de les remplacer par des ustensiles en étain. La preuve de ces faits, c'est qu'on n'a jamais dressé aucun procès-verbal pour nous mettre en demeure; c'est qu'aucun directeur n'a pas même réitéré son invitation.

Cela était équitable, parce que le service n'en a point souffert et n'en pouvait nullement souffrir, car il était sans importance que la vaisselle fût en poterie ou en métal.

Quant aux prescriptions de M. l'inspecteur général, en date d'août 1845, nous n'en avons eu aucune connaissance, attendu qu'on ne nous les a pas communiquées.

28ᵉ GRIEF.

« Attendu que, du registre contradictoire avec l'Entreprise
« et de la correspondance, ressort la résistance constamment
« opposée aux réclamations sur les fournitures à faire pour
« les besoins de l'infirmerie; que les pièces des 18 mai et des
« 1ᵉʳ juin 1846, 16 février, 16 mai, 20 juin et 25 septembre
« 1847 en offrent le témoignage; que, sur l'avis des officiers
« de santé de lamaison, une demande de petits tonneaux des-
« tinés à contenir de l'eau à boire dans les dortoirs, fut adressée
« à l'Entreprise dès le 16 février 1847; que le registre contra-
« dictoire avec l'Entreprise et un procès-verbal ont constaté,
« aux dates des 10 juillet et 3 décembre, que ces tonneaux n'a-
« vaient pas encore été livrés nonobstant les engagements pris
« par l'Entreprise les 19 février, 8 et 10 juillet de la même année. »

RÉPONSE.

On parle d'abord ici de résistance pour la quatrième fois, sans préciser aucun autre fait que celui des tonneaux destinés aux dortoirs.

Tous les faits qui ont donné lieu à de prétendues résistances faisant l'objet de griefs spéciaux, auxquels nous avons déjà répondu, nous ne comprenons pas que l'on puisse nous les reprocher de nouveau ici ; que l'on puisse vouloir nous incriminer deux fois pour un seul et même fait.

Nous nous bornerons à répondre une fois au sujet de chaque fait.

Le 16 février dernier, des petits tonneaux nous furent effectivement demandés pour contenir de l'eau à boire dans les dortoirs, et l'on peut voir, par notre réponse du 19, que, bien que cette fourniture ne soit pas clairement prescrite dans le cahier des charges ; que, *bien qu'on n'eût jamais songé à nous la demander jusque-là*, nous consentîmes sans contestation à l'effectuer. En conséquence, nous demandâmes de suite les petits tonneaux à notre confectionnaire, M. Charles Souillard, en le mettant aux ordres de l'administration , ainsi que cela résulte de son certificat, et nous ne nous en occupâmes plus, considérant la chose comme terminée.

Le 10 juillet, nous apprimes, pour la première fois, que, sur un nombre de trente-trois petits tonneaux, notre confectionnaire n'en avait livré que seize, et qu'il en restait dix-sept encore à livrer.

Nous lui en fîmes des reproches, comptant bien, cette fois, qu'il ne les oublierait plus.

Il résulte de son certificat que, s'ils n'ont point été livrés de suite, c'est la faute du gardien chef qui était convenu de donner la mesure, et ne la donna point. Cela s'explique, au surplus : on était depuis plus de trente ans habitué à se passer de ces tonneaux, il était bien permis au gardien chef de ne point juger cette affaire urgente.

Quant à nous, dans la guerre acharnée que nous faisait l'administration, nous nous préoccupâmes d'autre chose, comme on le comprendra.

Le 3 décembre, enfin, un procès-verbal vint nous apprendre qu'il manquait encore *quarante-deux* baquets, au lieu de dix-sept que l'on réclamait, le 10 juillet : on a changé le nom, mais non pas la chose ; ce sont toujours des vases en bois destinés à contenir de l'eau à boire dans les dortoirs.

Il est à remarquer qu'à chaque renouvellement de la demande, le nombre des vases à fournir allait croissant.

Cependant, comme cette fois cela en valait la peine, notre confec-tionnaire a fourni promptement, ainsi que cela résulte de son cer-tificat ; nous sommes donc en règle sur ce point comme sur tous les autres, puisque nous avons satisfait à la première mise en de-meure.

29ᵉ GRIEF.

« Attendu que, par disposition spéciale de l'article 53, la
« vente aux détenus, par exploitation de la cantine, ne se peut
« faire que par des personnes libres ; que, nonobstant cette
« disposition formelle, et d'après le registre de correspon-
« dance avec l'Entreprise, des détenus auraient été constam-
« ment employés à ce service jusqu'au 17 février 1847. »

RÉPONSE.

Jamais, depuis que nous sommes entrepreneurs à Clairvaux, la vente à la cantine n'a été faite par des détenus.

Voici comment elle a eu lieu, sans interruption, depuis notre en-trée en service jusqu'à ce jour.

Les prévôts, par l'ordre de l'administration, font le relevé des ra-tions que chaque détenu demande ; l'administration décide ensuite

si elles doivent être accordées, et l'état des rations à distribuer
nous est, par elle, remis la veille, comme cela est nécessaire.

Notre économe, employé libre, M. Napoléon Renard, prépare les
rations de cantine, conformément à l'état de l'administration, et il
les livre ensuite *en personne* à la cantine, non aux détenus qui doivent
les consommer, mais à chaque prévôt qui a fourni son état agréé par
l'administration, et chaque prévôt, ensuite, les distribue aux consommateurs de sa section, sous la surveillance des gardiens et dans le
réfectoire. Evidemment, c'est notre économe qui opère la vente,
et non les prévôts.

Cette distribution aux consommateurs est d'ailleurs faite dans
toutes les autres maisons centrales par des détenus commis à cet
effet, et une incrimination à ce sujet est une preuve de plus de la
malveillance du directeur de Clairvaux, le seul qui ait jamais osé éle-
ver une pareille incrimination contre une Entreprise. Sa lettre du
16 février 1847 classée au dossier n° 6 le prouve, puisqu'il nous demandait une augmentation de rétribution pour les prévôts, en
raison de ce travail. De plus une lettre de M. Diey, inspecteur
général, sous-directeur des régies, classée au dossier, n° 9, prouve
que cette distribution est faite également dans toutes les autres
maisons par des détenus.

<h2 style="text-align:center">30e GRIEF.</h2>

« Attendu que toute suppression d'industrie autorisée et in-
« troduite dans la maison est interdite par l'article 61 ; que,
« nonobstant cette disposition et sans autorisation, deux
« industries régulièrement établies ont été supprimées les
« 15 août et 29 septembre 1847 ; que le registre de corres-
« pondance avec l'entreprise signale ces deux faits. »

RÉPONSE.

On nous reproche d'avoir supprimé deux industries sans autorisation : la cordonnerie, sans doute, et les chapeaux de paille. Nous avions deux ateliers de cordonnerie, dont l'un seulement a été supprimé et l'autre accru ; il n'y a donc, en définitive, qu'une réduction du chiffre des détenus employés à cette industrie, et non une suppression. Reste une industrie supprimée, les chapeaux de paille. La maison de Melun en a supprimé sept depuis trois ans qu'elle est en régie, ainsi que cela résulte du tableau ci-joint. Elle a en outre réduit le chiffre de la population de neuf autres industries, sur la demande des fabricants, parce que l'administration de Melun sait apprécier les difficultés qui naissent de l'industrie, parce qu'elle est équitable. M. le ministre ne refuse jamais d'autoriser la suppression d'une industrie devenue impossible par l'expiration du marché et la retraite du sous-traitant.

On sait bien aussi que l'équité veut que, loin d'incriminer un entrepreneur pour la suppression forcée d'une industrie, dans des moments de crise commerciale surtout, l'administration lui vienne en aide si elle le peut, comme cela s'est vu en 1831 et 1832. Mais, loin de là, on nous incrimine sans aucun fondement de ce dont on devrait nous plaindre.

Au fond, l'industrie des chapeaux de paille a été supprimée le 15 août, sans opposition de l'administration, et l'on vient nous le reprocher quatre mois après. Pourquoi M. le directeur ne s'est-il pas opposé à cette suppression ? Pourquoi ne nous a-t-il pas mis en demeure ? Pourquoi a-t-il autorisé le classement des ouvriers dans d'autres ateliers ?

Ce n'est sans doute point ses égards pour l'entreprise qui l'en ont alors empêché. Mais sa cause eût été si mauvaise en s'y opposant, qu'il n'a point osé la porter au ministère.

31ᵉ GRIEF.

« Attendu que, par les articles 54, 59, 67 et 69, l'adjudicataire
« est tenu de fournir de l'ouvrage à tous les détenus de l'un et
« de l'autre sexe en état de travailler ; de fournir et d'entretenir
« tous les instruments et ustensiles, métiers et outils ; qu'il doit
« une indemnité journalière à tout individu en état de travailler,
« et laissé volontairement sans travail ; qu'il doit avoir constam-
« ment en magasin les matières premières nécessaires pour ali-
« menter, sans interruption, les différents ateliers de la maison
« pendant un mois ;

« Que, néanmoins, les états dressés par les inspecteurs consta-
« tent, pour les quatre derniers mois de 1844, 34,052 journées
« de chômage ; pour l'année 1845, 50,753 ; pour l'année 1846,
« 7,855 journées, et pour les onze premiers mois de 1847, 6,535
« journées ; que ce total de 99,195 journées témoigne d'une né-
« gligence coupable dans les fournitures de matières premières
« destinées à alimenter le travail journalier des détenus ; que, si
« la dispense d'indemnité pour les chômages des trois premiers
« mois de l'entreprise a été accordée par le ministre, elle n'a en
« rien modifié, pour les époques postérieures, le tarif auquel
« l'adjudicataire est soumis par l'article 67 ; que, néanmoins,
« les indemnités voulues ne paraissent pas avoir été payées par
« l'Entreprise, conformément audit article. »

RÉPONSE.

On veut nous incriminer maintenant pour le chômage. — Nous
relèverons d'abord une erreur de fait, reproduite dans cette incrimi-

nation, d'après le cahier des charges, il est vrai ; c'est celle-ci : qu'il est dû *une indemnité journalière à tout individu en état de travailler.* Nous ne devons, en cas de chômage, aucune indemnité à aucun individu. M. le ministre, par sa décision de 1839, a réservé cette indemnité au profit du trésor. Les détenus ne reçoivent rien de l'indemnité de chômage ; le trésor la reçoit seul et tout entière.

Les articles 67 et 85 prescrivent ce que l'administration a à faire en cas de chômage, et c'est l'article 67 qui pose seul le principe ; il est ainsi conçu :

« Lorsque, *par sa faute,* l'entrepreneur laissera sans occupation
« des détenus valides, qui auraient été reconnus en état de travail-
« ler et qui n'auraient pas refusé de le faire, il sera tenu de payer
« une indemnité journalière, qui sera déterminée par le directeur,
« sur l'avis de l'inspecteur. Cette indemnité ne pourra être au-des-
« sous de 20 centimes. »

Dans les articles 54, 59 et 69, il n'est point question de chômage. Comme on l'a vu, il faut que le chômage ait eu lieu par la *faute de l'entrepreneur,* pour qu'il soit passible d'une indemnité.

Aussi lorsque nous avons pris le service de Clairvaux, ayant à supprimer une filature de coton qui occupait 7 à 800 individus, et obligés pour cela d'introduire des industries nouvelles ce qui n'était point possible sans beaucoup de chômage inévitable, M. le ministre, sur notre demande, a-t-il reconnu juste de nous dispenser du payement de toute indemnité pour ce fait.

Il n'y a donc pas à s'occuper des chômages de 1844.

On prétend qu'il y a eu 50,753 journées en 1845! c'est là une erreur. Nous ne connaissons point les états dressés par les inspecteurs ; mais nous savons que tous les chômages légalement constatés à la charge de l'entreprise ou des sous-traitants, ont été exactement portés sur les feuilles de paye, *seules pièces légales et authentiques,* dont nous remettons un relevé pour 1845 (dossier n° 34), avec notre registre original à l'appui. Il en résulte que le chômage évalué en argent (nous n'avons pas le nombre de journées) s'est élevé pour toute cette année 1845 à 1,880 francs 94 centimes, ce qui ne peut, comme

on le voit bien, représenter 50,753 journées. Nous n'entrerons dans
aucun détail au sujet des chômages de 1846 et 1847; les chiffres fournis pouvant être vrais, sans qu'on ait le droit de nous incriminer
aucunement pour cela. Les chômages plus ou moins considérables
sont une chose prévue et forcée dans toutes les entreprises ; les maisons en régie n'en sont pas plus exemptes que les autres, et dès que
l'entreprise a payé ceux régulièrement mis à sa charge, personne ne
saurait avoir rien à lui réclamer.

Nous ferons observer seulement que le produit des feuilles de paye
s'est élevé, en 1845, à 220,454 francs 89 centimes, malgré les 50,753
prétendues journées de chômage, et qu'en 1846 il ne s'est élevé qu'à
203,096 francs 22 centimes quoiqu'il n'y ait eu que 6,536 journées
de chômage. Il est assez curieux de remarquer que l'année où on
nous reproche le plus de chômage est précisément celle où le produit du travail a été le plus élevé. Mais on ajoute que ces chômages
*témoignent d'une négligence coupable dans les fournitures de ma-
tières premières.* On n'en fournit, il est vrai, aucune preuve, et cependant l'article 85 prescrit, dans ce cas, des constatations régulières
et par procès-verbaux contradictoires; il n'en a jamais été fait un
seul pour manque de matières premières, nous n'avons même jamais
reçu une seule réclamtion à ce sujet : comment donc ose-t-on aujour-
d'hui prétendre que nous avons été en faute sur ce point!

32e GRIEF.

« Attendu, qu'aux termes de l'article 84, l'adjudicataire est
« tenu d'avoir un magasin constamment approvisionné en
« grains, farines et légumes secs, etc., etc., pour la consomma-
« tion des détenus pendant trois mois ;

« Que les rapports et procès-verbaux des 10 avril 1845, 21 et
« 29 septembre 1847, constatent que les approvisionnements
« exigés n'existaient pas aux époques susdites. »

RÉPONSE.

Voici ce que porte textuellement l'article 84 :

« L'entrepreneur devra avoir en outre et comme *supplément de*
« *cautionnement*, soit dans l'intérieur, soit à la proximité de l'éta-
« blissement, un magasin constamment approvisionné en grains, fa-
« rines et légumes secs, sel, huile, chandelle, bois et charbon pour la
« consommation des détenus pendant trois mois. »

Il est donc bien clair, et le cahier des charges le porte textuellement, que cet approvisionnement est exigé principalement comme
supplément de cautionnement, comme garantie pécuniaire, et cela
s'explique, parce qu'il y a des entrepreneurs qui ne possèdent pas
dans les maisons centrales un mobilier suffisant pour garantir l'exécution de leurs obligations, les frais de premier établissement ayant
été faits par l'État.

Il en est si peu ainsi à Clairvaux, que l'article 83 porte : « Lorsque
« le nouvel entrepreneur justifiera avoir remboursé à l'entrepreneur
« sortant le montant du prix des objets qu'il est tenu de reprendre
« aux termes de l'article 73, le cautionnement qu'il aura fourni con-
« formément au présent article, lui sera remboursé. »

C'est ce qui a été fait. Pourquoi ?

Parce que le mobilier nous appartenant a été jugé, par M. le ministre lui-même, *plus que suffisant* pour garantir l'exécution de nos
obligations.

Les dispositions du paragraphe 1ᵉʳ de l'article 84 ne nous sont
donc point applicables quant au cautionnement.

Mais venons aux faits :

D'abord nous ne connaissons aucune constatation à la date du 10
avril 1845, de laquelle il résulterait que nous n'avions point notre
approvisionnement de denrées à cette époque.

Le procès-verbal du 21 septembre 1847 constate qu'il n'existait dans nos magasins en fait *de légumes secs et riz*, que :

2,000 litres de légumes secs.

1,175 kilog.　　riz.

On ne constate rien au sujet des autres approvisionnements qui étaient donc au complet.

Selon le procès-verbal, il nous eût manqué pour notre approvisionnement

7,000 litres légumes secs à fr. 20 l'hectolitre　　1,400 fr.

1,600 kilog. riz　　　　à fr. 50 les 100 kil.　　800

Ensemble..... 2,200 fr.

Mais nous avions, nous avons encore en bois et charbon seulement, notre approvisionnement d'un an 20,000 francs environ; pour une valeur de 15,000 francs, par conséquent, de plus que la prescription de l'article 84, en ce qui concerne le cautionnement.

Notre réponse du 23 et la lettre de M. le directeur du 24 septembre, classées au dossier n° 32, constatent que le 22 septembre il est entré dans nos magasins 3,500 litres pois verts nouveaux et que nous n'avions pas attendu le procès-verbal du 21 pour nous mettre en mesure.

Qu'on lise ensuite la lettre de M. de Challemaison du 8 septembre, et l'on verra encore que nous avions, à la colonie agricole, 200 hectolitres de pommes de terre qui remplacent les légumes secs, aux termes du cahier des charges et qui doivent être comprises dans notre approvisionnement puisque l'administration nous les avait imposées, et qu'elle nous en annonçait la livraison.

Nous avions donc le 22 septembre 2,000 litres de haricots.

3,500 *id.* de pois.

20,000 *id.* de pom^es de terre.

1,175 kilog. de riz.

Nous avions à cette époque, et nous avons encore, deux services gras par semaine, reste cinq services par semaine à assurer avec les légumes secs, pommes de terre ou riz, pendant trois mois.

Le cahier des charges prescrit, en légumes secs, 20 litres par 100 individus. En septembre, la population était de 2,111 individus, dont 211 malades ou valides aux vivres gras, reste 1,900 valides au régime ordinaire.

Nous avions 5,500 litres de légumes secs, à 20 litres par 100 individus, cela représente 180 litres par service, soit pour les 5,500 litres .... 30 services.

Le cahier des charges prescrit 30 kilos de pommes de terre par 100; pour 1,900, 570 kilos. Les 20,000 litres, représentant 14,000 kilos, soit................ 24   »

Le cahier des charges prescrit 6 kilos 1/2 de riz par 100; pour 1900 cela fait 123 kilos. Les 1,175 kilos représentent donc............................... 9   »

Total des services assurés par notre approvisionnement, au 22 septembre. .... 63 services.

Nous avons dit qu'il en fallait 5 par semaine. Dans trois mois il y a 13 semaines, cela fait. .... 65 services.

Il ne nous aurait manqué à ce compte que........ 2 services·

Croit-on que notre approvisionnement ne fût point suffisamment assuré?

Pour donner valeur, d'ailleurs, au procès-verbal du 21 septembre, il faudrait que celui du 29 septembre constatât régulièrement le défaut d'approvisionnements encore à cette date ; or, nous n'avons aucune connaissance du procès-verbal du 29 septembre, et, au contraire, le bulletin de nos denrées, remis à l'administration à cette époque, constate que nous nous étions mis en mesure, et que nous avions alors en magasin un approvisionnement de plus de trois mois.

Le procès-verbal du 21 septembre, enfin, fut soumis à M. le ministre, qui n'y attacha sans doute point alors d'importance, puisqu'il ne lui donna aucune suite, et qu'il n'en fut pas même question dans l'instance engagée postérieurement, le 20 novembre dernier il en est question, pour la première fois, à l'insu de M. le ministre sans doute, dans le ramassis de tous les faits anciens qui nous ont été dénoncés par sommation du 14 décembre 1847.

33ᵉ GRIEF.

« Attendu que, par acte d'officier ministériel, en date du
« 20 novembre dernier, lesdits entrepreneurs ont été cités à
« même requête que dessus, d'avoir à comparaître devant le
« conseil de préfecture pour y fournir et faire valoir leurs
« moyens de défense au pourvoi de l'administration, tendant à
« même fin, et à raison d'inexécution des clauses du cahier des
« charges concernant la réserve du vestiaire. »

RÉPONSE.

Nous avons été cités, et nous avons comparu devant vous, Messieurs, le 20 novembre, par suite de trois procès-verbaux, irréguliers par la forme et faux par le fond, dressés les 27 octobre, 5 et 19 novembre derniers par MM. les administrateurs de Clairvaux : notre Mémoire et les pièces à l'appui, qui vous ont été remis à cette séance, prouvent péremptoirement et l'irrégularité et la fausseté de ces procès-verbaux.

Nous n'avons besoin de rien ajouter aujourd'hui; il doit nous suffire de vous rappeler les moyens de défense présentés par nous sur cette instance.

Les entrepreneurs des services,

DE SINGLY et PETIT,

E. ARDIT, *associé.*